VOYAGE

A

CONSTANTINOPLE.

VOYAGE

A

CONSTANTINOPLE,

EN ITALIE,

ET AUX ÎLES DE L'ARCHIPEL,

PAR L'ALLEMAGNE ET LA HONGRIE.

DE L'IMPRIMERIE DE CRAPELET.

A PARIS,

Chez MARADAN, Libraire, rue Pavée-André-des-Arcs, n°. 16.

7.

VOYAGE

A

CONSTANTINOPLE.

LETTRE PREMIÈRE.

Je suis parti de Paris le 5 octobre 1790. Le premier objet intéressant que j'ai vu, a été la plaine de Rocroi, que le Grand Condé traversa en vainqueur en 1643, et que son petit-fils traversoit en proscrit en 1789.

Avant d'arriver à Liége, on traverse les Ardennes. La Meuse, dans quelques endroits, rend encore plus pittoresques ces solitudes sauvages. Quand on a une teinte de mélancolie, et qu'on sait le chemin, on doit aimer à s'égarer dans ces déserts là.

C'est là qu'amante du désert,
La méditation avec plaisir se perd.

DE LILLE.

A

I.

Ces torrens que je trouvois à chaque pas, ce castel fortifié et entouré en même temps de jardins, ces soldats armés qui faisoient des patrouilles, cette famille qui se promenoit paisiblement, et ces coups de canon dont les bois retentissoient de minute en minute ; tous ces contrastes causoient une émotion qu'on ne peut rendre. Liége est une assez triste ville ; mais ses environs sont charmans. Entre Spa et Juliers il y a des vallons délicieux. Je ne rencontrois que cocardes, que soldats, qu'appareil de guerre : par-tout des bonnets, en forme de *san-benito,* couvroient le chef de tous ces guerriers. Chaque prince, chaque ville a son armée : ville impériale, ville enclavée, ville libre. Vous faites 3o lieues sans être deux heures sur le même territoire. Ce mélange de jurisdictions et de pouvoirs nuit à la police. Voilà pourquoi il y a tant de malfaiteurs à Liége.

Je puis parler des postillons à livrée jaune et noire, et de leurs petits cornets à bouquin que j'ai entendus durant cinq cents lieues de France, et qui m'auroient assez diverti, s'ils n'avoient pas détruit une sensation par une autre en m'écorchant les oreilles. Les postes sont longues et chères : mais rien n'est ennuyeux comme les barrières. Ces postes sont possédées dans toute l'Allemagne, depuis plus d'un siècle, par la maison de la Tour-Taxis, à titre de fief princier. Le nom du surintendant des postes est aussi respecté sur toutes les routes que celui de l'empereur.

L E T T R E   I I.

Bonn, résidence de l'électeur de Cologne,
est dans une jolie position. Du *bastion* dans
les jardins de l'électeur, on découvre le
Rhin roulant dans un vallon couronné par
sept montagnes.

Le palais est une masse de bâtimens simples d'assez bon goût, sans aucun ornement.
Ce qui est meublé, l'est mesquinement. L'é-
lecteur est aussi peu fastueux que ses ameu-
blemens. L'électorat de Cologne réuni à
l'évêché de Munster, lui donne à-peu-près
quatre millions de revenu. *Le roi de Bohéme
et ses sept châteaux,* n'est rien auprès de l'archiduc Maximilien qui en a par-tout. Po-
pelsdorf, Showaldorf, Brechl, sont les principaux où il séjourne avec sa cour.

Je logeois à *Bonn, à la cour impériale :*
on y est parfaitement d'ailleurs ; mais d'autres Français y avoient logé avant moi, et
j'ai admiré la naïveté de leur maréchal-des-
logis qui les avoit logés à la craie, et avoit
mis sur une porte : M. le baron de Br....

madame de M.... madame la comtesse de M....
M. l'évêque de P....

Bonn est fortifiée : il y a très-peu de troupes. D'après ce que la ville paie, il pourroit y en avoir davantage ; mais l'électeur met la moitié de la garnison dans ses coffres.

En allant de Bonn à Coblentz, on laisse sur la droite le château du Goudusberg, fameux dans l'histoire de Cologne, depuis que Trucksess, un de ses électeurs, ayant voulu y introduire le luthéranisme, fut assiégé dans ce château et forcé de s'enfuir à Liége, où il mourut dans la misère. La route qui remonte le Rhin jusqu'à Coblentz, est belle ; j'avoue qu'il ne seroit pas de trop qu'il y eût un parapet. De Coblentz à Francfort, il y a toujours des barrières ; mais le chemin n'en est pas plus beau. Quand on y passe de nuit, il faut se munir de flambeaux de paille. On en brûle plus d'un avant d'arriver à *Kenigstein*, assez vilain trou où on loge quand on peut et comme on peut. Du reste on y repose à bon marché.

LETTRE III.

Francfort, 10 octobre.

L'ARCHIDUC Léopold, roi de Bohême et de Hongrie, vient d'être couronné empereur. Agamemnon dans l'Aulide avoit une cour moins brillante, et n'étoit pas aussi modeste. Le successeur de Charlemagne tenant sa cour plénière, avoit un habit uni et des boutons d'acier. Combien sa simplicité paroissoit auprès de la magnificence qui l'environnoit! Ce n'étoient que broderies, que pierreries, que panaches, sur les hommes et sur les chevaux; on ne voyoit que des gardes, des coureurs, des chasseurs, des hussards, des valets-de-pied, des majordomes; on ne coudoyoit que des barons, des comtes, des excellences, des altesses: princes laïcs, ecclésiastiques, noirs, rouges, violets, chaînes d'or, croix, cordons de toutes les couleurs. Tous les électeurs y avoient étalé le plus grand faste, ne cherchant qu'à s'éclipser les uns les autres. Les trois électeurs ecclésiastiques y étoient seuls en personne. Celui de Trèves avoit sept voitures de suite; l'électeur de Cologne en avoit sept; l'empereur lui-même sept : mais l'électeur de Mayence en avoit vingt-sept à lui seul, ce qui l'a rendu d'autant plus ridicule que c'est aux dépens de son pays qui est chargé d'impôts. On ne rencontroit que des livrées rouges et des roues d'argent, couleurs de Mayence : enfin quatre-vingt-quinze mille aunes de galons (1) tapissoient ses litières, ses appartemens, et quinze cents personnes de sa suite.

Une des choses les plus remarquables, étoit l'attelage de l'ambassadeur de Hanovre. On y couroit aussi bien qu'aux fameuses plaines de Berghen, où le Landgrave de Hesse qui étoit venu à Francfort avec 6000 hommes, manœuvroit, tantôt pour le roi de Naples, tantôt pour la reine de Naples, tantôt pour l'empereur et l'impératrice et pour les archiducs, qui sont au moins une douzaine, Léopold II et Georges III étant

____

(1) Il n'y a qu'un tiers de différence entre l'aune de France et celle d'Allemagne.

assurément les deux princes les plus *conjugaux* du monde chrétien.

Autrefois tous les princes d'Allemagne concouroient à l'élection de l'empereur. Les seuls électeurs l'élisent depuis la bulle d'or donnée par Charles IV en 1356. Le nombre des électeurs a été fixé à sept, depuis la diète tenue à Francfort en 1208, à la mort de Philippe, prédécesseur d'Othon de Saxe, que Philippe-Auguste battit à Bouvines. Il est porté à neuf aujourd'hui. Le landgrave de Hesse vouloit fort être le dixième. On pouvoit dire qu'il payoit l'électorat en monnoie de singe.

C'est au milieu du onzième siècle que les princes ont commencé à être élus rois des Romains avant d'être proclamés empereurs.

A l'époque de l'avénement de Charles-Quint en 1519, les électeurs ont introduit la capitulation, suivant laquelle l'empereur élu se soumet aux conditions que l'empire lui impose. Je le remarque pour rappeler que la lettre de Léopold II, à l'assemblée nationale en 1791, relativement aux prétentions des princes allemands en Alsace, étoit moins la preuve de sa façon de penser qu'une obligation d'usage.

Francfort est une ville assez grande. Les rues en sont sales. Celle où je demeure est fort longue, et plus belle qu'aucune de Paris par sa largeur. Je logeois au *Rumische Kaï-ser.* Je ne l'ai pas oublié parce qu'un laquais de place nous y vola L.... et moi absolument dans la même proportion. Cet homme avoit une idée de la justice distributive.

LETTRE IV.

DE tous les couronnemens de souverains, je n'en connois pas qui offrent mieux l'image des grandeurs humaines, que celui de l'empereur. Le triomphe de la vanité doit être de se voir l'idole aux pieds de laquelle mille autres idoles se prosternent. Mais le théâtre où la scène se passe ne lui appartient pas : le lendemain matin il ne peut plus, pour ainsi dire, distinguer l'éclat de la veille du rêve de la nuit; tout a disparu : il reste l'obscurité qui suit un feu d'artifice. Acteurs et spectateurs mettent à fuir le même empressement qu'ils ont mis à arriver; c'est une déroute d'armée : c'est à qui s'éloignera le plutôt et le plus vîte. Il n'y a pas de curieux sur la route de Vienne pour voir passer une voiture couverte d'une toile cirée, qui a deux laquais sur le siége, deux postillons et six chevaux. Ce n'est que l'empereur et l'impératrice : quatre-vingt-cinq chevaux suffisoient à chaque relais pour leur cortège. Ils ne traversent ni la Franconie ni la

Bavière *aux acclamations de tout le peu-*
ple (1). On les en aura bien dédommagés à
Lintz. Les habitans et les soldats rangés en
bataille sur la place, attendoient depuis le
matin pour ne pas manquer l'empereur. Je
vois d'ici un gros homme en habit brodé sur
un cheval blanc. L'empressement avec lequel il nous aborda, me fit croire qu'il
n'étoit pas de l'avis dont seroit son maître
sur la harangue dont il alloit l'ennuyer.

Tout modeste qu'étoit le train de l'empereur, la multitude de fuyards à Francfort nous faisoit craindre de manquer de
chevaux. Nous eûmes le bonheur d'en trouver six appareillés aux dépens de six paysans
différens, qui, ne voulant pas perdre de vue
le produit, s'établirent les uns à cheval, les
autres en singe, et donnoient à notre façon
d'aller majestueuse, l'air d'une sortie de
triomphateurs, ou de confrères de Ragotin.

Wirtsbourg est la première ville considérable qu'on rencontre. Elle est bâtie dans
la plaine ; le château est sur une colline, et

---

(1) On sait que dans le programme des f.tes publiques, ou des couronnemens en France, il y avoi: cette
phrase d'usage : Le roi passera par telle ou telle rue
aux acclamations de tout le peuple.

l'évêché sur une belle place quarrée. Les bâtimens sont aussi vastes que bien ornés. Le même goût ne règne pas dans les embellissemens de la ville. Ils consistent sur-tout en vierges et en saints de toutes les couleurs et de toutes les tailles. Quand on a traversé toute la Franconie, on arrive à Nuremberg. Tout ce dont je me souviens, c'est que j'y ai vu de jolies femmes. Je ne me repens même pas d'y avoir jeté une pomme de discorde entre trois jeunes filles qui étoient sur leur porte, et qui demeurent en face de la poste. Je venois d'acheter une petite bague d'or et d'écaille, que je mis dans un papier sur lequel il y avoit : *A la plus jolie*, en allemand. Je l'envoyai en partant. La plus. grande, qui étoit la mieux des trois, rougit sur-le-champ d'une manière charmante. Je regardois sans être vu, et je pensois en m'éloignant, que ma bague ne m'avoit coûté que six francs.

Ratisbonne est peint assez grotesquement. Toutes les maisons sont couvertes de fresques jaunâtres. J'ai été émerveillé, en arrivant, d'un David de trois pieds prêt à frapper avec sa fronde un Goliath de dix pieds au moins. Il ne manque rien au géant. Il a d'un côté une fenêtre à sa ceinture, et de l'autre un gros œil de bœuf à la tête, sans doute pour marquer la plaie que va faire la pierre sur son occiput.

En sortant de Ratisbonne on entre en Bavière. C'est un pays très-vaste, très-fertile, assez peuplé, où on compte tout au plus quatre ou cinq villes. Mais aussi à chaque demi-mille de France, ce sont des oratoires, des chapelles, des calvaires, des petits saints et force maisons de religieux qui possèdent au moins les trois quarts du pays, avec les privilèges les plus à charge pour le peuple. Cependant, malgré ces membres parasites, dans un pays qui pourroit être beaucoup mieux cultivé, malgré le peu de commerce qui s'y fait, qui ne consiste qu'en bœufs, chevaux, cochons, encore parce que les meilleurs pâturages peut-être se trouvent à portée, et en salines qui fournissent du sel blanc, la Bavière rapporte douze millions à l'électeur. Les hommes y sont beaux en général, ce qui contraste avec l'espèce d'apathie et d'hébêtement superstitieux où les tient le joug monacal. Mais ce qui est une suite naturelle de l'un et de l'autre, c'est que les femmes y sont vives et déniaisées.

LETTRE V.

Il n'y a pas de jardin anglais plus agréable pour les sites, et la manière dont les accidens sont ménagés, que l'entrée de l'Autriche par la Bavière. Vous faites au moins dix lieues à travers des petits vallons, des montagnes couvertes de sapins qui s'ouvrent au moment qu'on ne s'y attend pas pour montrer des prairies dont la verdure est plus gaie, ou des vignobles, ou des champs enclos de haies sèches qui sont tissues avec l'élégance des corbeilles. Il n'y a pas de vannier qui ne voulût les avoir faites, et j'ai retrouvé par-tout les haies aussi artistement travaillées jusqu'au fond de la Hongrie. Quand vous quittez ce joli pays, la scène change, mais n'en est pas moins pittoresque : la route est sur la rive du Danube. Le fleuve est à droite, la côte est couverte de bois ou de rochers énormes. Vous voyez ceux qui sont au-dessus de votre tête, ne tenant presqu'à rien, et à côté la vaste place de ceux qui ont roulé dans le Danube, et qui embarrassent le milieu de son lit : sur cette côte sauvage, un peu avant Lintz, est le château où le roi Richard Cœur-de-lion fut retenu quinze mois prisonnier en 1193.

Toutes les voitures nécessaires à l'agriculture et aux transports, ont des roues entièrement en bois, sans cercles de fer. Les maisons, dans tout le pays, sont couvertes en bois : mais ces toits, sur-tout en Bavière, sont fixés par des pierres placées sur les lattes au lieu d'ardoises, et il est commun, par de grands vents, de voir les couvertures descendre au milieu d'une pluie de cailloux.

Depuis Francfort jusqu'à Vienne, la route ne présente que très-peu de châteaux. Ceux que je rencontrois étoient de grandes masses de bâtimens, sans avenues, sans beautés extérieures. Je crois que c'est un genre de richesses particulier à la France, que ces magnifiques habitations qui, sur les trois quarts des terres, surpassent la valeur du fonds : mais cela prouve que les propriétés sont dans un plus grand nombre de mains; aussi le paysan allemand est-il riche en le comparant à celui de France.

L E T T R E V I.

Vienne, 5o octobre.

Bien de ces messieurs sont des bêtes :
Peu de ces dames sont des fleurs.

CH. DE BO....

Un étranger n'est reçu nulle part aussi bien qu'à Vienne (1). On y retrouve l'hospitalité des anciens Germains. Une fois présenté par l'ambassadeur, vous avez accès par-tout. On trouve rassemblés chez les ministres tous les hommes qui ont quelque réputation, et vous voyez dans les coulisses les gens dont les gazettes parlent depuis 20

(1) En 1790, on voyageoit en Allemagne à-peu-près au même prix qu'en France : il m'en a coûté 5 florins pour quatre chevaux, un seul postillon, quatre personnes dans la voiture : ce qui établit le niveau, ce sont les barrières, les péages aux ponts, etc. Une poste revenoit à 12 livres, un peu plus, un peu moins; le florin valant 2 livres 14 sols.

ans. Il semble que les autres peuples, comme les habitans de Rome et de Naples, se fient aux beautés naturelles de leur pays pour en faire les honneurs : les bons Allemands vous reçoivent avec cordialité ; ils ne sont pas fâchés de vous montrer leur luxe : ils en ont la même idée que de leurs troupes.

La société semble plus réunie à Vienne qu'à Paris, parce que les maisons des ministres y sont ce que Versailles étoit chez nous à la capitale. On va le lundi chez la princesse B...., le jeudi chez le comte de H...., tous les jours, si l'on veut, chez le prince K.... Habitude ou penchant, l'existence des Allemands est de se montrer. Les poëles qui répandent dans les appartemens une chaleur égale, ne rassemblent pas, comme en France, autour des cheminées, mais multiplient les groupes répandus dans tout le salon. On lui donne absolument l'air d'un café; de grands valets en livrées de toutes les couleurs, apportent successivement des glaces, de la limonade, de l'orgeat, des gauffres; et des marchandes qui tiennent boutique au milieu du salon, étalent des bijoux pour ceux qui n'ont rien à dire, ou qui veulent acheter les choses deux fois plus qu'elles ne valent (1).

On ne voit que des croix et des cordons : cordons rouges, rouges et blancs, verts, noirs ; clefs d'or à presque toutes les poches ; car ici avec la clef on entre par-tout. La clef fait d'un gentilhomme un chambellan : les femmes sont en cercle trente ou quarante ensemble, ce qui en rend l'approche assez difficile.

On se voit à Vienne avec affluence, les mêmes jours, dans les mêmes endroits. Il en résulte que toute nombreuse qu'est la so-

---

(1) Les auberges à Vienne sont chères et mauvaises. Nous étions deux avec deux domestiques, et pour un seul jour il nous en a coûté 16 florins. Nous allâmes loger chez un Français, où nous ne payions pas moins que 9 ducats pour le logement et le chauffage ; notre voiture au mois ne nous coûtoit que 90 florins : mais il y a des dépenses qu'on ne connoît pas en France. Je ne me rappelle pas si les escaliers sont éclairés ; mais quand vous sortez le soir d'une maison, y allassiez-vous habituellement, un domestique vous devance avec un flambeau, de ceux qu'on porte derrière les voitures, attendant la rente presque journalière d'une pièce de 20 kreutzers. Je ne le remarque que comme usage : et celui-là ne me choque pas plus que celui de faire en France payer les cartes à ses convives.

ciété, on y est aussi peu caché que dans les cercles de province : toutes les intrigues se savent et se remarquent, ce qui suppose d'une part un grand ennui; car il faut en avoir pour s'occuper des affaires des autres. Les femmes se mêlent peu de l'éducation des jeunes gens : cela est aisé à voir; car elles ont de la finesse par-tout plus où moins, et j'en connois ici qui seroient à leur place dans les sociétés les plus difficiles de Paris. Il faudroit s'en prendre au pays où l'on ne trouveroit pas madame la B.... de Puf.... aimable. A la figure la plus spirituelle, elle joint une grace si naturelle, des petites mines qui n'iroient qu'à elle, mais qui lui vont si bien. Elle est pleine d'esprit; et ce qui vaut bien l'esprit de saillie qui n'est pas précisément le sien, elle a une finesse et un tact qu'on ne prend guère qu'en France, qu'on peut appeler le patrimoine des Français, parce que le nom comme la chose n'existent que dans leur langue et dans leur pays.

Les jeunes gens ne doivent rien aux femmes à Vienne. Où les verroient-ils? Dans les assemblées, ils n'y vont point. On croit vivre ici avec un autre siècle, tant on ne voit par-tout dans la société que des vieillards.

S'il y a quelques jeunes hommes, ce sont de très-illustres princes ; et l'esprit n'accompagne pas le nom plus souvent ici qu'ailleurs. Les trois quarts ne s'approchent d'une femme que pour lui dire ;

Femme charmante, il fait un temps des Dieux (1).

On envoie à Paris le prince Ch.... Lich...., pour porter au roi la nouvelle du couronnement de l'empereur. Il a vu que Louis XVI avoit de grosses serviettes et de petits diamans.

Ailleurs qu'à Vienne, l'étiquette n'est qu'un mot. Le nombre des coureurs distingue les rangs. Rien n'est risible comme de voir dans les rues très-crottées, même en hiver, un *volant* en bas blancs, précédant un modeste carabas. Il annonce que c'est au moins une excellence qui le suit. Cette annonce est certifiée par deux houppes à la tête des chevaux, et que les personnes d'un certain rang ont seules droit d'arborer. On appelle ces houppes *fiochis*, ce qui me fait espérer que je les retrouverai autre part.

––––––––––––

(1) C'est un vers tiré d'une jolie pièce de vers intitulée, *la Vie de Vienne.*

La barrière entre la noblesse allemande et le peuple, entre la noblesse allemande et elle-même, est insurmontable. Trente quartiers se visitent, mais trente et quinze se saluent. Cette démarcation qui, à beaucoup d'égards, est ridicule, a un avantage moral : c'est que l'argent ne mène pas à tout ; c'est qu'un homme dont l'ambition égale la capacité, ne cherche point *par tous les moyens* à s'élever dans la classe qui lui est fermée absolument, et que faisant un bon usage de ses talens, il tend plutôt à la considération qu'à une réputation brillante.

La non-communauté de biens qui a lieu en Allemagne, éloigne ces discussions scandaleuses qui troublent la moitié des ménages ; dépendans moins l'un de l'autre, on se témoigne plus d'égards, parce qu'ils ne sont pénibles qu'étant calculés.

La vanité n'est que le motif secondaire qui empêche les mésalliances. Les grands bénéfices de l'empire , les places des chapitres d'hommes ou de femmes sont le patrimoine exclusif des familles les plus illustres. Une riche héritière qui aura douze quartiers de moins que son mari, ne lui apporteroit pas le même avantage qu'une demoiselle de mai-

son chapitrale, qui n'auroit qu'une très-
mince dot. Elle ouvre à tous ses enfans les
portes des dignités solides, et leur nombre
qui est un fardeau ruineux pour un père de
famille en France, n'est qu'un appui de plus
en Allemagne.

LETTRE VII.

L E rôle que l'Angleterre et la France ont joué dans l'Europe, depuis Cromwell et le cardinal de Richelieu ; le haut période où elles ont porté à l'envi les sciences et les arts, partagent depuis deux siècles l'intérêt et l'opinion des autres peuples. La manière dont on regarde en pays étranger les Anglais et les Français, est une preuve de leur supériorité et de la jalousie qu'on leur porte. Tout est différence entr'eux : comment les compare-t-on impartialement ? Le Français fait des frais par-tout, mais gagne beaucoup à être vu dans son pays ; l'Anglais ne fait de frais nulle part, et encore moins chez lui. Il faut du temps et beaucoup de peine pour avoir accès dans les sociétés, soit à Londres, soit à Paris. On sait gré à un Anglais d'être aimable, on trouve fort mauvais qu'un Français ne le soit pas. Le Français fronde, tranche, heurte ouvertement ; l'Anglais, plus méprisant encore, mais plus réservé, cache sa façon de penser, et montre sa façon de vivre : on remarquera ses habits, jamais ses opinions. Il n'en est pas moins vrai que ce n'est pas un préjugé de pays qui me fera avancer que l'homme aimable et estimable par-tout, est celui qui approchera le plus d'un Français dans la force de l'âge, sans préjugés, et possédant les qualités solides et sociables qu'on acquiert plus en France qu'ailleurs. C'est à la nature des sociétés où il a vécu qu'il doit cette indulgence qui le met au niveau de ceux qui sont moins instruits, cette capacité universelle qui le rend disciple intelligent, cette souplesse qui lui fait faire les premiers pas qui coûtent toujours et auxquels on est si sensible, parce que tous les hommes aiment autant la déférence que la flatterie, et bien plus à être écoutés qu'à entendre.

Cette aménité de mœurs dérive d'une petite cause. La liberté des vêtemens a produit la liberté de parler : l'esprit juge d'après les yeux. Un homme de robe a pu parler des campemens du prince Ferdinand, un militaire de la réforme du code criminel ; et comme l'abus suit toujours, il n'a pas été nécessaire d'en parler bien pour avoir le droit de parler de tout (1).

Mais en Allemagne les conversations ne se mêlent pas plus que les rangs. Les uniformes, les clefs et les cordons qu'on rencontre par-tout, sont les guides pour se parler et pour ne rien s'apprendre. Un conseiller intime causera avec un conseiller aulique sur l'inconséquence des tribunaux de chasteté, et sur le peu de bons ouvrages qu'on trouve dans la bibliothèque impériale, en comparaison des nobiliaires et des lucubrations des docteurs de Léipsic et de Gothingue. Un autre couple en uniforme blanc, trouvera que l'empereur ne doit pas faire la paix quand..... et les uns et les autres se sont fort peu inquiétés si, à côté d'eux, des Hongrois dissertaient sur l'origine des Seclers (2) et l'antiquité de la langue esclavonne.

Ce vice vient de l'éducation qu'on reçoit.

---

(1) Car il advient le plus souvent, dit Montagne, que chacun choisit plutôt à discourir du métier d'un autre que du sien : estimant que c'est autant de nouvelle réputation acquise. MONT. *chap.* xvi.

(2) Tartares qui se sont établis les premiers en Hongrie.

A Paris les gens de mérite ne manquent pas; il ne faut que les chercher. On ne considère pas en général que le salaire est le plus petit prix de leurs peines; on les met au rang des dépenses de la maison, et comme ils sont sur la même page, on s'accoutume à les voir du même œil.

Mais à Vienne, comment les comtes d'Escarbagnas ne seroient-ils pas mal élevés, quand on fait venir de Paris des précepteurs à six cents francs? La même voiture amène, à un seigneur allemand, un gouverneur français pour son fils, un palefrenier anglais pour ses chevaux.

Quant à l'éducation publique, l'université de Vienne est aussi imparfaite que le reste des établissemens autrichiens qui y sont relatifs. Ils sont tous soumis à l'inspection d'un directeur général des études. La manière plus ou moins empressée, dont les différentes classes sont suivies, a quelque chose de curieux. La logique et la métaphysique ont deux cent dix-sept étudians; la physique expérimentale, suivant les nouveaux systêmes, en a six; le cours des belles-lettres en a huit. Il n'y avoit pas un seul auditeur à un cours d'économie politique, fait par un homme fort habile, nommé M. de Sonnen-fels (1). Pour lui en procurer, il a fallu donner un décret impérial, par lequel il est ordonné que toute personne qui prétendra à un emploi où les connoissances d'économie politique sont nécessaires, sera tenue de suivre le cours de M. de Sonnenfels. Il est plaisant de voir l'autorité souveraine s'entremettre pour rendre les gens savans à-peu-près comme les coups de bâton rendent Sganarelle médecin. C'est ainsi qu'en 1777 on rendit un décret qui enjoignoit aux professeurs de l'université de faire des livres, parce que ceux de Gothingue, qui leur avoient servi de modèles, étoient presque tous auteurs.

---

(1) Il a fait un fort bon ouvrage sur l'usure, et on dit qu'on lui doit l'abolition de la question.

LETTRE VIII.

« La nature. . . . . *è* . . . . en ces climats
« Ne produit, au lieu d'or, que du fer, des soldats.

CRÉBILLON.

L'ARMÉE de l'empereur est de près de trois cent mille hommes d'infanterie, cinquante-trois mille de cavalerie, treize mille d'artillerie, et de sept mille huit cents de corps attachés à l'armée.

Un régiment d'infanterie sur le pied de guerre, est de 4570 hommes : savoir, deux bataillons et un bataillon de garnison. Celui-ci est composé de 1400 têtes. Quand le bataillon de garnison reste dans une forteresse, il faut retrancher ce nombre de la force du régiment quand il entre en campagne, et quoique les compagnies doivent alors être de deux cents hommes, on en déduit 40 par compagnie de fusiliers qu'on laisse au bataillon de garnison. Il y a pour les 20 compagnies formant 4570 hommes sur le pied de guerre,

Capitaines . . . . 15.
Capitaines–lieutenans . . 5.
Lieutenans en premier. . 20.
Lieutenans en second. . . 20.
Enscignes . . . . 18.
Tambours . . . . 40.
Fifres. . . . . 22.
Charpentiers. . . . . 20.
Bas-officiers par comp^e.. . 6.
Pour l'état-major. . . . . 38.
Pour les campemens. . . 84.

Un colonel-propriétaire.
Un colonel.
Un lieutenant-colonel.
Deux majors.

En comparant le nombre d'officiers de l'armée prussienne et de l'armée autrichienne, on trouve plus d'un tiers de différence. Sur un nombre de 7920 hommes d'infanterie, on trouve 200 officiers et 452 bas-officiers. Aussi cet excès de chefs en moins est-il un des vices de l'armée impériale. La paye du soldat allemand est de six kreutzers (1) et deux livres de pain par jour. Il se charge de son blanchissage, de ses souliers, linge, etc. Il fait chambrée comme le nôtre.

Dans la même proportion, les régimens de cavalerie sont infiniment plus forts que les nôtres. Il sont de 2000, de 1800 chevaux. La propriété d'un régiment n'est pas aussi chère à acquérir qu'en France. Un officier en faveur duquel d'autres officiers essuyent des passe-droits, n'a pas les désagrémens de nos capitaines de remplacement. La discipline fait tout taire. Le colonel-propriétaire nomme à tous les emplois. Les corps les plus

---

(1) Le kreutzer est 3 liards. La paye du soldat est donc de 4 sols et demi, et 2 livres de pain.

Le soldat français a 10 sols de paye, sur lesquels on retient 2 sols 6 deniers pour une livre et demie de pain, dont on ne lui fait pas le décompte. Mais on lui fait tous les trois mois celui du linge et de la chaussure. Son engagement est pour huit ans, et en temps de paix, il peut se retirer même en payant 25 livres pour chaque année d'engagement qui lui restent à remplir. Pour avancer, il a le quart des emplois d'officiers de droit, et il peut se présenter en concurrence pour les trois autres quarts. Comme le soldat allemand, le terme de son avancement est le généralat. Son enrôlement est volontaire.

agréables à commander sont les bataillons
de grenadiers. Le commandant est un lieutenant-colonel. Quoique les trois détache-
mens dont ils sont composés, n'aient pas le
même uniforme, il porte celui du régiment
d'où il sort. L'uniforme pour l'infanterie et
la cavalerie est blanc, sans revers, avec pa-
remens. Les boutons sont de différentes façons, jaunes et sans numéros. Les grades se
marquent à la veste par les galons. Le sous-
lieutenant n'est pas distingué du capitaine;
mais le major, le colonel, le général, le feld-
maréchal, le sont par la forme et le nombre.
Sur cent officiers qui sont dans un régiment,
il y en a tout au plus cinq ou six nobles. Aussi
y a-t-il la même différence pour le ton entre
l'armée autrichienne et l'armée française,
qu'entre nos régimens de cavalerie et nos
régimens d'infanterie. La sévérité de la discipline et le séjour forcé dans les garnisons
très-éloignées, ont dégoûté du service une
grande partie des familles les plus riches et
les plus distinguées. Un officier est puni
quand un soldat lui déserte. Un soldat devient
bas-officier par son mérite, et dès-lors il
avance par rang d'ancienneté. L'armée n'est
pas assez vêtue : l'habit court du soldat ne

le couvre point, et son petit sarreau qui est
renouvelé de loin en loin, ne l'empêche pas
d'être pénétré par la pluie (1). La cavalerie
donne dans l'excès contraire. Le bonnet de
cuir du soldat n'est ni commode ni solide :
la moitié doit se perdre dans une action. Les
morceaux d'étoffe qui se trouvent dans les re-
plis agraffés de leurs habits-vestes, leur font
des bonnets de police; leurs vieux habits
leur font des vestes neuves. Tous ces détails
seroient minutieux si on ne les devoit pas

---

(1) Les Romains ont eu le bon esprit de prendre
aux Samnites, aux Etrusques, etc. les armes qui leur
ont servi pour les soumettre; Xantippe a apporté aux
Carthaginois cette discipline spartiate qui les a fait
vaincre Régulus. Ces grands exemples ont fait de sots
imitateurs. On croit faire des Hercules en couvrant des
hommes ordinaires de la peau du lion de Némée. Il n'y
a pas jusqu'aux troupes du roi de Naples qu'on exerce
et qu'on habille à la prussienne; comme si sous le ciel
brûlant de la Campanie, cet habit épais et étroit qui
fait suer un Albanois, n'étoit pas aussi ridicule qu'il est
utile et convenable sur les bords froids et humides de
la Sprée.

A Malte, la petite armée du grand-maître est habillée
plus raisonnablement. Leurs uniformes blancs et roses,
sont de coton ou de toile, selon la saison, et ce sont
toujours des productions du pays.

au maréchal Lascy, qui dans le même moment écrit à son maître le gain d'une bataille, et au tailleur de son régiment de faire
les surtouts plus étroits : d'ailleurs, c'est
ainsi qu'à nombre égal l'armée autrichienne
coûte moitié moins que la nôtre. Les recru-
temens sont forcés. Il y a un officier établi
dans chaque province ou département qui
fournit les hommes de tel et tel régiment; il
est comme un jardinier à la tête d'une pépi-
nière; il choisit en temps de paix ceux qui ont
le moins de liens au pays; mais en temps de
guerre l'armée se trouve du jour au lendemain de plus de quatre cent mille hommes.
On prend tout le monde; le collecteur du district envoie aînés, maris, sans aucune distinction. Ils vont du fond de la Stirie renfor-
cer l'armée qui est aux portes de Bruxelles
et retournent après cultiver leurs champs,
sauf à reparoître au premier coup de tam-
bour. Cette milice, comme tout le reste de
l'armée, est engagée de force et pour toute
sa vie. Il en est ainsi en Prusse où les officiers même ne pouvoient donner leur dé-
mission sans aller à Spandaw (1).

____

(1) On ne peut pas voir d'uniforme plus leste et

I.   C

L'arsenal de Vienne est un des plus beaux qu'il y ait, et cela doit être chez un peuple que de vastes épaules, des poignets vigoureux, des mains larges appellent plutôt à manier le mousquet que la palette et le ciseau. On ne voit que du fer. Quatre immenses bâtimens encadrent la cour. On y arrive entre deux cents pièces de canon, dont il y en a quatre turques placées aux coins du quarré. Tous les ornemens de cette galerie sont des instrumens de guerre : ce sont des colonnes cannelées, des colonnes torses, des aigles figurés sur le plafond, des écussons, des boucliers, des fortifications, des tours, des remparts ; tout cela est d'une patience et d'un travail uniques. Les matériaux sont des lames d'épée, de sabre, des hampes de lance, des fers d'hallebarde, des poignées, des platines, des canons, des montures de fusils : on ne voit ni boiserie, ni

---

plus élégant que celui de la garde hongroise ; c'est un pantalon et un doliman écarlate, enrichi de crépines d'argent au lieu de galons ; par-dessus un manteau de peau de tigre qui est attaché sur la poitrine par un aigle d'argent ; le bonnet est en marte avec une aigrette d'argent aussi, et, je crois, des bottines jaunes. Les chevaux sont gris-pommelés.

muraille. Tous les princes de la maison d'Autriche sont représentés armés de toutes pièces, depuis Rodolphe de Habsbourg en 1275, jusqu'à Marie-Thérèse, reine de Hongrie, qui est à cheval. On voit le trophée d'armes de Mathias Corvin, celui de Godefroi de Bouillon, sa cotte d'armes, son bouclier, et au-dessus le feutre écarlate surmonté d'un petit globe d'or avec lequel il est entré dans Jérusalem, ne voulant pas, par humilité, porter la couronne royale. Le souvenir de tant de pieuses usurpations et d'injustices consacrées, ne m'inspire pas autant d'intérêt que les dépouilles de Gustave-Adolphe, tué à la bataille de Hutzen en 1632. Peut-on voir, sans attendrissement, cette soubreveste de buffle, attachée avec des boutons de fil blanc, percée de part en part ? La moitié de son chapeau noir et sans retroussis, est emporté d'un coup de feu à l'endroit du crâne. Ce simple vêtement est tout ce que les Impériaux purent arracher de ses dépouilles. On ne peut pas s'éloigner de ces objets touchans, sans donner des regrets à la mémoire d'un prince qui avoit de si belles et de si brillantes qualités ; qui disoit, peu de jours avant sa mort, en voyant les peuples accourir en foule au-devant de lui : *Qu'il craignoit bien que Dieu, offensé de leurs acclamations, ne leur apprît bientôt que celui qu'ils sembloient révérer comme un dieu, n'étoit qu'un homme mortel.*

L'homme qui mêle à l'héroïsme du courage, de pareils retours sur lui-même, a plus de droits à l'admiration qu'Alexandre ou Charles XII.

LETTRE IX.

Il en est jusqu'à trois. . . . .

BOILEAU n'eût pas fini le vers, s'il eût parlé des généraux autrichiens qui se sont distingués dans la dernière guerre : ils sont tous Livoniens, comme Laudhon, Italiens, comme Pélegrini, Espagnols, comme le comte Soro, Flamands, comme le général Clairfaith : excepté le prince de Cobourg, il n'y en a pas un qui soit du pays.

Les regrets de l'armée font l'éloge le plus sûr du maréchal Laudhon. Les derniers exploits de ce vieux général furent dignes de toute sa vie. Il prit Orsowa et Belgrade peu de temps avant de mourir. Rien de ce qui concerne un homme comme Laudhon n'est indifférent, et on se rappelle qu'au siége de Belgrade, entouré de ses principaux officiers, il hésitoit sur le côté où il attaqueroit la place, si ce seroit d'un côté de la Save ou de l'autre ; toujours indécis, il marchoit devant, tout seul, se disant à lui-

même : La passerai-je, ne la passerai-je
pas ?

Il y a à Vienne un magasin de figures
dans le genre de celles de Curtius. Tout le
monde y court pour voir les deux portraits
en pied de Joseph ii et du maréchal Laudhon. Ils sont si ressemblans, sur-tout le
dernier, que le maréchal Pélegrini en entrant
lui ôta son chapeau.

Tout le monde connoît le maréchal Pélegrini. Mais ce que tout le monde ne sait pas,
c'est qu'à quatre-vingts ans il a une petite
maison aussi élégante qu'aucun *cavalier* (1)
de Vienne, et que les dames ne se plaignent
pas plus de lui que les ennemis ne s'en
louent.

Je suis Français ; je n'oublierai pas le
prince de L... ; car on se croit dans sa patrie
quand on est dans sa maison. Tout s'y ressent du caractère singulier de celui qui
l'habite. Son antichambre est au premier,
sa chambre à coucher au second, &c. Aussi
appelle-t-il le tout une charade. Il est logé
comme doit l'être un général des armées de

---

(1) Un cavalier est à Vienne, ce qu'est à Londres
a beau.

l'empereur, sur les remparts de Vienne :
mais en ouvrant les yeux le matin, le premier objet est le champ de bataille où Sobieski
battit les Turcs en 1683. La même disparate
est parmi les gens qui le servent. Sa maison
est un abrégé de la tour de Babel ; on y voit
tous les costumes ; on y parle toutes les langues. Son extérieur est très-noble : j'ai vu
tous les chevaliers de la toison-d'or ; pas
un ne portoit, comme lui, cette toque de
velours, ces cheveux flottans, ce superbe
manteau couvert de trèfles d'or. Ses traits
sont mieux que s'ils étoient bien ; irréguliers
comme ses idées. Le désordre de son esprit
est dans sa fortune. En terres et en bienfaits
de la cour, il est fort riche, et n'a jamais le
sou. Par son rang et son existence, il est au-
dessus du manège des courtisans ; par habitude il fait sa cour. C'est si bien chez lui une
espèce de ressort qui s'échappe comme de
lui-même quand il parle à n'importe qui,
qu'il vous dit une chose agréable comme un
autre vous diroit bonjour. Sa figure est
fière ; mais il est d'une politesse, d'une pré-
venance qui embarrasse d'abord, et il oublie
si bien ce qu'il est, qu'on s'en souvient à tout
instant. J'ai vu peu d'hommes dont la société

fùt aussi piquante, aussi intéressante. Aussi
n'est-ce pas à Vienne qu'il s'est perfectionné. Il a profité des leçons qu'on lui a
données à la cour de France; et la cour de
Berlin étoit une assez bonne école du temps
de Frédéric II. Il est, au milieu de Vienne,
comme le bambou dans les serres de *Shone-
Braun*. Aussi le prince de L.... n'est-il pas
aimé des Allemands qui ne l'entendent pas,
même quand il s'en moque.

LETTRE X.

Æstuat et vitæ disconvenit ordine toto :
Diruit, ædificat, mutat quadrata rotundis.

HOR.

J'AI parlé de la société, voici quelques individus.

Ce n'est pas pour troubler la cendre des morts, que je parlerai de Joseph second. Si l'esprit, la bonne volonté, l'instruction suffisoient à un prince pour opérer le bonheur des peuples, le feu empereur auroit pu compter sur le succès et sur l'amour de ses sujets. Mais avec les qualités les plus aimables et le zèle le plus louable, il ne fut aimé et apprécié que de ceux qui vivoient dans son intimité. Son plus grand tort, peut-être, est de s'être trop hâté. Ce sont les regrets, c'est ce sentiment de ses fautes qui ont empoisonné ses derniers momens, et rendu sa perte encore plus sensible au petit nombre de ceux qui l'ont adoré. Il ne l'étoit, ni ne devoit l'être hors de son palais. Il avoit enlevé au clergé une partie de ses biens, et ne lui promettoit qu'un avenir plus dur encore; il avoit chargé la noblesse d'impositions, puisqu'elle payoit jusqu'à soixante pour cent pour ses terres. Son cœur étoit plus juste que son esprit. Toute innovation lui plaisoit. Un système différent de l'état présent des choses, étoit toujours adopté par lui. Sa passion étoit d'arrondir ce qui étoit quarré, quand il ne pouvoit pas créer. Mais on retrouvoit aussi en lui ce nerf et cette indépendance des passions humaines qui auroient rendu pénible à Henri IV ce qui ne coûtoit rien à Charles XII. Les maîtresses ne lui ont pas été plus à charge qu'à l'état. Un ou deux ducats payoient les plaisirs de l'empereur, et souvent ses repentirs. Toutes les filles de Vienne avoient le libre accès du palais. Il y a une galerie auprès du cabinet de l'empereur où elles attendoient le moment de sa sortie.

Plein d'aménité dans le commerce habituel, sans cesse par voies et par chemins, il étoit par-tout à la fois. Les Allemands, naturellement peu vifs, étoient aussi étonnés de son activité que lui de leur flegme. Le café de Milan est le rendez-vous de tous les

Métras (1) de Vienne, qui s'y rassemblent en sortant de table. L'empereur passant devant le café, et voyant tant de gens oisifs assis sur leurs chaises, au soleil, il leur dit : Messieurs, vous n'avez donc rien à faire?

Lui-même alloit sûrement ce jour-là à

---

(1) M. Métra étoit assurément le coryphée de tous les nouvellistes. Je l'ai vu souvent dans mon enfance : un pareil homme ne pouvoit guère avoir de réputation qu'à Paris ou à Athènes, où l'on aimoit si fort les nouvelles, et sur-tout les bonnes, que le peuple voulut pendre le courrier qui annonça la défaite de Démosthène et de Nicias. Ce nouvelliste dut son existence au citoyen d'A.... qui parloit si souvent *de lui dans la chambre du roi.* Il n'y étoit peut-être pas aussi sensible que M. Jourdain ; mais sans être entiché du préjugé de noblesse, il tenoit fort à l'ancienneté de sa race établie depuis beaucoup de siècles à Paris, où elle a joué un rôle du temps des Cabochins et des Armagnacs, et où elle se transmet de père en fils un mortier d'apothicaire qui a vu Hugues-Capet. C'étoit une si grande jouissance pour lui de savoir les nouvelles, qu'on s'empressoit de l'en informer le premier. Ce n'étoit pas que ce ne fût le plus stérile gazetier : il ne falloit pas lui demander autre chose que le texte : les commentaires lui faisoient tort, faisant révolter les Péruviens dans le Bengale, et battre Hyder-Ali près d'Acapulco : au reste le meilleur citoyen possible. Il ne ressembloit à

cet hôpital de foux qu'il faisoit bâtir, et où
il donna cette nouvelle preuve de la gaîté de
son esprit. Il regardoit un escalier, et trouvoit qu'un fou ne pouvoit pas y passer sans
risques. Le concierge lui répondit que quand
un fou arrivoit, le garde étoit devant, lui
derrière, et le fou dans le milieu. C'étoit jus-

---

personne. Son physique étoit aussi singulier que son
moral ; et il est bien rare que l'un ne tienne pas beaucoup de l'autre. Il avoit une perruque ronde, toujours
une redingotte blanche ou rouge, un chapeau bordé
d'un petit galon d'or, les mains très-souvent derrière
le dos, et la tête branlante, sans être très-vieux ; et
devant le tout, un nez si large et si long, qu'il auroit
pu, sans être un sot, ne pas voir plus loin. Il a eu un
emploi dans les fermes, qu'il a quitté une heure après
avoir hérité de dix mille livres de rentes. Dès cet instant, il vécut l'être le plus méthodique de l'univers.
Cet homme, qui sembloit ne vivre que pour lui, eut
un ami. Employé dans les fermes comme Métra, il se
trouva compromis dans une affaire qui le ruinoit sans
qu'il y eût de sa faute. Il vint à Paris lui conter sa position. Métra l'écouta attentivement, et lui dit : Si vous
perdez votre procès, il y a douze cents francs dans cette
armoire, vous pouvez les prendre. Mon logement suffit pour deux, et vous aurez le quart de mon revenu.
Au reste, Métra ne recevoit ni visites, ni convives, et
n'a jamais fait un compliment à qui que ce fût.

tement la place de l'empereur : sans rien té-moigner, il acheva la visite ; mais au retour, prêt à redescendre l'escalier dans le même ordre, il lui dit : J'ai assez fait le fou, à ton tour mets-toi dans le milieu.

Il faisoit souvent aux étrangers l'accueil le plus aimable, voulant toujours qu'on oubliât ce qu'il étoit. Il parloit un jour du temps, se plaignant qu'il ne faisoit que du vent.... du vent.... du vent.... Vous allez croire que je crie contre le vent, parce que je ne suis pas puissance maritime.

Cependant il n'étoit pas toujours aussi mielleux ; mais il enduroit les réponses vives qu'il s'attiroit quelquefois. On sait qu'il avoit forcé les seigneurs Polonais qui avoient des terres en Galicie, d'acheter pour deux mille écus le titre de comtes. Dans le temps de cette vexation on lui présenta un Italien, proche parent d'un homme connu, mais ennobli pour son argent. L'empereur ne chercha rien de mieux à lui dire, sinon qu'il n'aimoit pas ceux qui achetoient la noblesse. L'Italien lui répondit : Sire, *et ceux qui la vendent ?*

LETTRE XI.

ME voici chez un homme dont l'existence est peut-être la plus extraordinaire de tous les ministres qui ont jamais été. Depuis cinquante ans il conduit la monarchie autrichienne. Ses maîtres ne l'ont pas toujours pris pour guide, mais l'ont toujours menagé, toujours respecté par je ne sais quelle religieuse superstition ; au point que Joseph II, qui ne l'écoutoit pas aveuglément, alloit chez lui ; que l'empereur et toute sa famille vont le voir, sans qu'il paroisse jamais à la cour. Il a pu être un grand génie, car il montre encore des grands hommes toutes les petitesses. Ses paroles sont devenues des oracles ; mais il a dû lui être plus difficile de se le persuader à lui-même que de le persuader aux autres : car il doit beaucoup à la nullité des trois quarts de ses adorateurs. Pour moi, je n'ai vu en lui qu'un vieux temple où le dieu n'habite plus. Un ministre a sans doute des titres à l'estime (1), quand

(1) Frédéric II disoit, en parlant de lui, dans le

il a été loué par Frédéric 11, quand il a
toujours montré une sévère probité, un
sens droit, une longue expérience que l'im-
pétueux Joseph n'auroit pas dû mépriser;
mais quand ce n'est que par une fatuité pué-
rile et une hauteur insultante, qu'il se donne
pour le représentant d'un grand souverain,
ceux qui n'ont rien à lui demander, ne le
trouveront que ridicule. Sa première vue
ne dispose guère à la gravité. A voir les deux
boucles de sa perruque qui reviennent sur
son front en forme de cornes de bélier, on
le prendroit pour une antique de Jupiter
Ammon; et tous ces manteaux dont il se
couvre dans la journée, selon la variation
du thermomètre, lui donnent assez l'air de
la statue mystérieuse des Egyptiens. C'est
une vraie curiosité que son dîner. Du reste
on y fait meilleure chère que dans les autres maisons de Vienne. La toile se lève à

---

temps de la guerre de sept ans : Il n'y a que Kaunitz
qui n'ait pas fait de fautes ; mais le rusé politique disoit
du bien des généraux qu'il battoit ; et il faisoit faire des
cartes géographiques, où, par ses ordres, on marquoit
comme impraticable tel marais qui, dans l'occasion, ne
l'étoit pas pour lui.

sept heures du soir : il y a ordinairement dix ou douze personnes; et ce que le prince sait le moins, c'est le nom de ceux qui sont à table. Chacun parle à son voisin. Mais comme il est un peu sourd, il a un bour-donneur attitré, nommé le général B.... qui sert de porte-voix à son altesse. Ce gros allemand remplit les nombreux momens de silence : il entretient un bruit continu dans son oreille, et c'est une convention, qui n'est même pas tacite, à lui de toujours parler, et aux autres de ne le pas écouter. On ne croira pas qu'à la fin du dessert on apporte au prince une quantité de petits outils pour nettoyer les dents. Quand la toilette est faite en présence de toute l'assemblée, il lève la séance.

Il n'y a rien qu'on ne puisse croire de la fatuité du prince de K.... Sous le règne de Marie-Thérèse, il répondoit au comte de.... directeur des études, qui devoit souper chez lui, et s'excusoit d'arriver tard sur un ordre de l'impératrice qui l'avoit mandé : Mon-sieur, tout ce que l'impératrice a pu vous dire, ne vaut pas un souper.

En 1790, pendant qu'il y avoit des Fran-çais dans son salon, on vint à parler des papiers publics de France, il dit qu'il n'aimeroit que celui intitulé : *Ah ! que les Français sont bêtes.* L'empire de ce ministre bizarre a quelque chose d'inconcevable. Si vous parlez de ses momeries et de ses boutades, on vous répond : Il est comme cela.

Au reste, vous avez par-tout la comédie ici ; vous ne changez que de théâtre. Allez-vous chez le prince K...., *son altesse* ne parle pas. Allez-vous chez le comte Sa...., celui-là c'est différent, il ne salue pas. Si vous en voulez savoir la raison, il faut remonter plus haut. Il s'est persuadé qu'il se devoit à lui-même de ne pas se baisser, et son épine a si bien adopté le paradoxe, que ce qui étoit un calcul est devenu une impossibilité physique. Il étoit ministre sous Marie-Thérèse. On prétend qu'un jour, dans son cabinet, il laissa tomber un papier. La princesse trop puissante, ne pouvoit pas se baisser ; le ministre avoit sa difficulté dans les reins ; il fallut qu'un valet de pied vînt les tirer de peine. Semblable à cet officier général français qui, croyant tenir le bâton de maréchal de France, s'accoutumoit à signer maréchal de.... et mourut sans l'être, le comte Sai.... avoit fait faire deux toisons de diamans, espérant être chevalier de la Toison-d'or. On l'a fait ministre des conférences pour le consoler : mais il a refusé.

LETTRE XII.

IL n'y a pas en Autriche de capitation. Les diverses branches de revenu sont comprises sous ces dénominations :

Camerale, ou revenu du domaine.

Commerciale ; c'est probablement le produit des douanes.

Montanisticum, revenu des mines, salines, &c.

Contributional, imposition directe sur les terres.

Politicum, peut-être les fonds des départemens des affaires étrangères.

Bancale, c'est la masse affectée au paiement de la dette.

Voici, à-peu-près, la proportion de la population à l'étendue, et aux impositions des états de la maison d'Autriche.

Lieues quarrées.	Habitans.	Florins.	
	1,130,000.	5,793,120.	Moravie.
	2,500,000.	15,736,000.	Bohême.
	240,000.	600,000.	Silésie.
	4,092,000.	41,130,900.	Autriche.
	3,170,000.	18,004,150.	Hongrie.
	1,250,000.	3,942,000.	Transilvanie.
	107,000.	100,000.	Bukowine.
	2,220,000.	400,000.	Illyrie.
	2,025,000.	400,000.	Pologne all.
	1,324,000.	4,910,000.	Lombardie.
	2,500,000.	600,000.	Pays-Bas.
31,651.	20,558,000.	103,116,170.	

M. Necker comptoit en France vingt-quatre millions cinq cent soixante-dix-sept mille six cents habitans sur une surface qu'on prétend de vingt-quatre mille neuf cent soixante lieues quarrées, ce qui donneroit neuf cent quatre-vingt-cinq personnes par lieue. La différence comparative se trouveroit de plus de moitié pour la lieue quarrée, et de quatre millions à-peu-près pour le total.

La monnoie la plus ordinaire à Vienne est

le ducat (1), le florin, le kreutzer. Le droit de battre monnoie est attaché au titre de prince; et tel, pour ne pas le perdre, fait frapper des ducats qui lui reviennent à plus de quinze francs.

-----

(1) Le ducat vaut à-peu-près douze livres. — Le florin cinquante-sept sols. — Le kreutzer trois liards. — La pièce de vingt kreutzers vaut quinze sols.

LETTRE XIII.

LES états d'Autriche sont assemblés ici. On ne s'en douteroit pas, si des chaînes tendues dans la rue n'empêchoient les voitures de passer. Ces mêmes états étoient assemblés sous le dernier empereur. On leur demandoit un impôt. Comme ils n'alloient pas assez vîte au gré de Joseph second, on leur signifia leur congé, et quand on leur demandoit pourquoi ils s'étoient en allés, ils répondoient : Sa majesté impériale ne veut plus qu'on s'assemble. Voilà des états respectueux. Ils ne l'étoient pas tant en 1619 (1).

Le conseil aulique est le tribunal de la noblesse immédiate. Quoiqu'il réside où est l'empereur, sa jurisdiction est indépendante de lui.

Les comtes immédiats sont ceux qui ont un comté relevant de l'empire, et qui, en vertu de cette possession, ont séance aux

____

(1) Ils refusèrent de reconnoître Ferdinand second.

diètes. Il n'y en a qu'un certain nombre.

L'empereur ne peut pas faire un comte immédiat. Il ne peut donner rang aux diètes que parmi les gentilshommes. Ces comtés sont fort précieux et rarement à vendre, à moins qu'une famille ne se trouve dans le dernier besoin. Il y a beaucoup de comtes de l'empire, mais sans terres. Il en est de même des princes. Ce qu'on nomme princes de l'empire, sont la maison d'Anhalt, de Saxe, de Hesse, de Nassau, les maisons électorales, etc. Les comtes immédiats sont souverains chez eux.

Le premier ordre d'Autriche est l'ordre de la Toison-d'or. Il fut institué en 1430 par Philippe le Bon, duc de Bourgogne. Il passa dans la maison d'Autriche par le mariage de Marie, fille de Charles le Téméraire, avec Maximilien 1er. On dit que Louis XI eut envie dans le temps de se faire chef de l'ordre de la Toison-d'or, comme étant aux droits de la maison de Bourgogne; mais qu'il ne crut pas convenable de prendre l'ordre de son vassal. Alors, que signifie cette espèce de protestation de nos ambassadeurs contre les promotions? En attendant, cet ordre se donne aux plus grands seigneurs. Il n'est pas réservé aux seuls militaires, et l'empereur fait des chevaliers aussi honorés et aussi contens que le roi de Sardaigne d'être roi de Chypre, le roi d'Angleterre d'être roi de France, et le roi de France d'être.... Les chevaliers de la Toison-d'or dînent avec l'empereur le jour d'une réception, et, ce qui est singulier, c'est qu'ils laissent, en sortant de table, deux ducats sous leur serviette.

L'ordre de Marie-Thérèse, qui porte le nom de sa fondatrice, est peut-être le plus flatteur à recevoir. Il est toujours la récompense d'une action d'éclat. Il faut que le prétendant le demande, et le conseil des chevaliers juge du droit. J'aimerois mieux que l'hommage fût au-devant du mérite. Il y a dix-huit grands-croix, cinquante commandeurs, et deux cents chevaliers, dont cent cinquante au plus effectifs. On voit que cet ordre n'est pas prodigué. Il y a des pensions de six cents florins pour les commandeurs, et de quatre cents pour les chevaliers. Leurs veuves en jouissent. Le ruban est blanc liseré de rouge. Les chevaliers le portent à la boutonnière, les commandeurs en sautoir, et les grands-croix en écharpe,

L'ordre qui exige le plus de preuves, c'est l'ordre teutonique. Institué dans le même motif et le même temps que les templiers et les hospitaliers, il possède de vastes domaines, sur-tout en Franconie. C'est la pierre de touche de la noblesse. Il y a peu de parchemins qui résistent à l'épreuve nécessaire pour y être admis. Mais quand une famille prouve sa descendance d'un chevalier teutonique, elle n'a pas besoin d'autres titres. L'arch. Ma.... électeur de Cologne, en est grand-maître. Il est singulier de voir un prince ecclésiastique chausser les éperons dorés des chevaliers. Il y a eu une réception superbe au couronnement de Francfort. C'est la cérémonie qui rappelle le mieux les anciens usages de la chevalerie. Le récipiendaire étoit un comte d'Andlau. Il y a un rare privilège attaché à une maison d'Allemagne, les d'Alberg. Le grand-maître avant d'armer un chevalier, demande toujours s'il y a là un d'Alberg. Le coadjuteur actuel de Mayence est de cette famille. On m'a dit que c'étoit son moindre mérite.

LETTRE XIV.

DE tous les édifices de Vienne, je ne connois guère que Saint-Etienne, le palais, la bibliothèque et la salle de spectacle attenante. Ces deux bâtimens font partie du palais. Ce qui est le plus remarquable dans la bibliothèque, c'est la fameuse carte connue sous le nom d'*itinerarium pentingerium*. La carte va depuis Brindes jusqu'à Paris. Tout est sur la même ligne sur ce rouleau aussi long qu'étroit. Les routes militaires y sont marquées ainsi que toutes les communications de Rome aux Gaules et au bout de la Calabre. Mais on n'en tire aucun renseignement sur cette partie curieuse de la marche des armées, sur ce qui répondoit chez les Romains à nos intendans d'armées, aux étapes, et à tous les détails de ce genre d'administration qui nous est absolument inconnu par le silence de leurs écrivains.

On voit une table de bronze trouvée au royaume de Naples et dont le contenu se trouve dans Tite-Live : le passage est tiré d'une décade perdue pour les savans, mais qui est entre les mains d'un chanoine de ce pays-là. On y apprend que sous le consulat de Postumius et de..... il y avoit des règlemens de police au temps des Saturnales. La pièce est de deux ans antérieure à J. C. et d'un style aussi pur et aussi élégant que les défunts arrêts du parlement.

Les livres mexicains apportés par Cortès et laissés à Vienne par Charles-Quint, méritent plus d'attention. Les caractères en sont hiéroglyphiques, et ne ressemblent pas mal aux figures grotesques de l'almanach de Liége, dont l'une signifie *bon saigner, bon pour, etc.* Il n'y a, d'ailleurs, ni commentaires ni explications. C'est d'une force de dessin égale à celle de nos cartes à jouer.

Ce qu'il y a de plus complet est la partie du droit public et le nobiliaire de toute l'Europe, qui s'y trouve dans ses archives naturelles. Si, par malheur, cette bibliothèque brûloit, cette perte ne feroit pas oublier celle de la bibliothèque d'Alexandrie.

La ville de Vienne étant fortifiée, les habitations se trouvent rétrécies : il est rare qu'une maison entière soit occupée comme à Paris par un seul individu. Une des causes, c'est que le second étage de beaucoup de maisons appartient à l'empereur : beaucoup de personnes de la cour y sont logées. Nous demeurions au-dessus d'une proche parente du prince de Kaunitz.

Les fauxbourgs de Vienne sont plus vastes que la ville. Ils sont bâtis à une grande distance à cause des fortifications. La superbe plaine qui se trouve entre Vienne et Léopoldstatt, est bordée de casernes ; car il y a dans cette ville quatre ou cinq régimens en garnison. Ces casernes étoient autrefois de beaux monastères, et Joseph II a trouvé que ses soldats y seroient encore mieux que ses moines. Les rues de Vienne sont assez sales et bordées de trottoirs qui, se trouvant de niveau avec les pavés, ne servent qu'à rendre le marcher glissant. J'y ai vu les fêtes qu'on y a données pour le couronnement de l'empereur. On avoit préparé plusieurs arcs de triomphe, tous illuminés en lampions de couleur. C'étoient des transparens, des devises, des emblêmes, une dépense égale en huile et en esprit. Je me souviens d'avoir badaudé, moi, sept ou huit centième devant une décoration en opales avec une anagramme de

Léopoldus dont on avoit fait *Leo plus do.*
Le principal arc de triomphe avoit pour
embellissement des colonnes cannelées, dorées, sculptées, peintes en détrempe, mon-
tées sur des bases disproportionnées. Le tout
portoit l'empereur dans un char, et se ter-
minoit religieusement par un vilain petit
clocher. La gaîté de la populace est aussi
bruyante qu'en France, mais les Allemands
sont moins démonstratifs. En passant dans
les rues vous n'entendez ni siffler ni chanter.
Le savetier de la fable n'étoit pas allemand.
Le Français, lorsqu'il ne couroit pas après
des têtes coupées, étoit si amusant ! Lorsqu'il
trottoit à un spectacle, il en étoit un lui-
même.

LETTRE XV.

Presbourg, novembre.

CE couronnement de Presbourg fut accompagné de circonstances qui le rendoient encore plus curieux pour ceux qui en avoient connoissance. La nomination d'un fils de l'empereur au palatinat, étoit la cause des mouvemens secrets, des murmures sourds qu'on entendoit encore, et des précautions extraordinaires que la cour avoit prises de son côté. Les Palfis et les Zitchis étoient les concurrens à la dignité de palatin. L'élection de l'archiduc Léopold, en faveur duquel on avoit presque gagné les deux factions, trompa l'espérance des Zitchis et les vœux d'un grand nombre de Hongrois dont le prétendant s'étoit attiré l'estime étant *judex cury.*

La conduite de la cour ne méritoit pas moins de fixer les regards. Prévenances, affabilité, marques extérieures de fraternité, tout étoit employé avec la coquetterie la plus propre à capter la bienveillance des Hongrois. Les yeux se séduisent d'abord. Toutes les femmes de la cour étoient habillées à la hongroise. La coquetterie servoit la politique; on ne l'avoit pas consultée. Tout ce qu'elle avoit obtenu, c'étoit d'ajouter une légère palatine de gaze au vêtement hongrois, délateur certain des beautés douteuses. Les énormes appas d'une épaisse hongroise effrayoient un peu plus à côté des graces inexprimables de la princesse Louise Lich..... Cette uniformité de coiffures noires, couvertes de diamans, faisoit un brillant effet : tout étoit tableau dans les salons du primat, qui contenoient quatre cents personnes au moins : la R.... de N.... demandant l'amitié des Hongroises pour sa fille, l'épouse de l'archiduc Fr....; le nouveau roi et ses enfans habillés à la hongroise; le roi de Naples en *habit civil*, le petit sabre à son côté, assurant qu'il ne vouloit plus porter que des pantalons et des pelisses, et s'attachant, par sa bonhomie, autant de cœurs à Presbourg qu'à Vienne (1); enfin, pendant le feu d'ar-

______

(1) Comment n'auroit-on pas aimé un prince qui disoit lorsqu'on demandoit le roi : *Non sono il re sono*

tifice chez le primat, croiroit-on que le peuple brisoit les vitres à coups de pierres, et que les débris en tomboient sur les couronnes, sur les plaques, sur les cordons ? Princes, femmes ou curieux, personne n'osoit approcher des fenêtres.

D'un autre côté, pour rendre l'effet de toutes ces avances plus sûr, il y avoit six mille grenadiers chargeant à balle à la parade, ayant chacun soixante cartouches à tirer; et vingt mille hommes répandus dans le voisinage, prêts à entrer dans la ville au premier signal, aidoient ceux qui auroient pensé autrement, à ne manifester que leur joie.

---

l'amico ? Il n'y a que le gibier allemand qui ait à se plaindre de lui. C'est énorme tout ce qu'il en fut tué à Felsberg chez le prince d'Aversperg.

Après Nemrod, le plus fier chasseur devant le seigneur, est assurément le roi de Naples, fondateur et protecteur de l'ordre de Diane. Il avoit une correspondance suivie avec le feu roi d'Espagne. Ils s'envoyoient réciproquement un relevé des pièces de gibier tuées, l'autre des poissons pris dans l'année. Il ne manquoit au recueil que les mémoires du prince Ant. de Saxe, sur les contredanses dansées à Dresde, et ceux de Georges III sur ses boutons.

Il est difficile de voir une plus belle cérémonie que celle du couronnement du roi de Hongrie. On ne sauroit dire si elle est plus magnifique que singulière. Il se faisoit d'abord à Albe-Royale, qui en a conservé le nom ; puis à Bude, enfin à Presbourg. C'est un spectacle où le souverain, les magnats, le clergé, le peuple, jouent chacun un rôle. Dans chaque quartier de la ville, c'est un acte différent. Le roi arrive à cheval à l'église, au milieu des troupes allemandes, des troupes hongroises, de la milice bourgeoise qui forme la haie avec les grenadiers allemands. Ceci est remarquable, parce qu'on n'avoit point encore vu de soldats étrangers au couronnement du roi de Hongrie. Le prince sort par la porte opposée de l'église. Il étoit arrivé à cheval ; il est alors à pied, revêtu du manteau de Saint-Etienne, tout couvert de petites figures de saints brodées en relief. Il tient dans ses mains le globe et le sceptre, attributs de sa nouvelle puissance. Les rues sont jonchées de fleurs, couvertes de tapis aux couleurs de Hongrie, blanches, rouges et vertes, et toujours bordées d'autant de soldats que de curieux.

Mais jusques-là, les rues, trop étroites,

ont resserré la scène. C'est au milieu de la
place des Franciscains que se développe le
plus beau spectacle : la pompe sacrée est réunie à la pompe militaire ; la démarche guerrière et réglée des troupes de ligne contraste
avec le désordre charmant des magnats qui,
caracolant sur leurs superbes chevaux, passent et volent dans tous les sens. Le costume
simple et martial des troupes de ligne, qui ne
présentent qu'un mur de fer, a quelque chose
de plus imposant encore à l'œil, qu'éblouis-
sent les aigrettes, les diamans, l'or, l'azur,
l'écarlate qui, réfléchis au soleil, font de tous
les escadrons hongrois, autant d'arcs-en-ciel
aussi prompts à se former qu'à se dissoudre.
Les Hongrois sur leurs chevaux, sont les
centaures de la fable. A voir leurs vêtemens,
leurs fourrures, leurs bonnets de martre,
leurs panaches, leurs sabres étincelans de
pierreries comme les harnois de leurs chevaux, leurs bottines jaunes, rouges, vertes,
mais toutes brodées ou en or ou en perles,
on peut croire que la moitié ont leurs terres
engagées pour dix ans (1). Ainsi nos anciens

____

(1) Pour se faire une idée de ce faste, il faut savoir que
le comte C.... capitaine de la garde hongroise, donna à
sa fille, qu'il marioit, sa paire d'éperons pour diamans.

preux paroissoient dans un tournois, portant sur leur dos leurs bois de haute-futaie, leurs châteaux et leurs moulins. Enfin, pour dernier accessoire, et pour le contraste le plus singulier à ces tableaux, qu'on se représente le primat, les archevêques, les évêques, couverts de leurs mitres et de leurs superbes dalmatiques ; tous ces paisibles vieillards très-peu assurés sur de beaux chevaux, que des valets de pied sont occupés également à retenir comme à soutenir leurs maîtres.

Quand le souverain a juré au milieu de la place des Franciscains, de maintenir les privilèges des Hongrois, on le conduit à la montagne appelée..... qui est au milieu de la ville, sur les bords du Danube. Le roi, à cheval, la monte au galop, tire son sabre et partage le monde en quatre parties. Ce qu'il fait alors ne ressemble pas mal à ce que dit certain souverain un peu tartare aussi, pour permettre à tous les rois de la terre de dîner quand il sort de table. Des bals, des feux d'artifice, des illuminations, des tournois ont terminé la fête la plus singulière qu'un prince chrétien puisse recevoir.

LETTRE XVI.

Hongrie.

La Hongrie est bornée au nord par la Moravie et la Pologne allemande; à l'orient par la Transilvanie et la Valachie; au midi par l'Esclavonie et la Servie; à l'occident par la Croatie, la Stirie et l'Autriche.

Si la nature a rapproché les Hongrois des Autrichiens par la situation, elle les a séparés encore plus par le caractère. Les noms des diverses peuplades qui ont envahi la Hongrie à différentes époques, sont du ressort de l'histoire. Les sentimens des écrivains sont aussi indifférens qu'opposés. Il paroît que les premiers établissemens furent formés par les Tartares Mancheoux. Ils se répandirent dans toute la Hongrie, sous différens noms et à différentes époques.

Il y a des peuples dont le caractère national s'effaçant de jour en jour par le mélange des races, devient ainsi plus difficile à saisir. Mais les Hongrois prennent en naissant les inclinations et les opinions qui les distinguent au moral, comme leurs traits et leurs habits au physique. Il est inutile de ne plus voir de barrières jaunes et noires pour deviner qu'on est en Hongrie, lorsqu'on sort de l'Autriche du côté de l'orient. S'il se rencontre des gens qui aient pour leur liberté un amour qui va jusqu'à l'enfance, tenant plus aux mots qu'aux choses, ayant une prévention extrême pour leur pays, qui est, selon eux, le premier pays du monde, et celui qu'ils sont presque tous le plus empressés de quitter, ayant une aptitude unique à s'exprimer en plusieurs langues; parlant avec la gravité la plus importante de leur diète et de leur constitution qu'on leur laisse, je dirai comme on laisse des joujoux dangereux à des enfans colères, parce que l'un et l'autre sont plus nuisibles qu'utiles au pays et à la pluralité de ceux qui l'habitent; si vous entendez parler ainsi des hommes ou des femmes, des jeunes gens ou des vieillards, ce sont des Hongrois.

Le plus grand tort de Joseph II est de n'avoir pas su composer avec le caractère des Hongrois. La plupart des changemens qu'il vouloit introduire chez eux étoient salutaires; mais il a fait comme ces médecins durs qui, sans ménagement pour un malade et comptant sur l'efficacité de leurs remèdes, les font prendre avec une violence qui en détruit l'effet. Il n'a retiré de ses bonnes intentions que l'exécration d'un peuple aussi extrême dans ses haines que dans son amour. Ils ne l'appellent que le tyran ou Joseph ii, qui se disoit roi de Hongrie. Ils conviennent si bien qu'il y avoit des choses utiles dans les réformes du feu empereur, qu'ils ont demandé à Léopold de casser tout ce que son frère avoit fait, promettant d'en adopter la plus grande partie, mais constitutionnellement. Il est vrai que Joseph ii s'étoit conduit avec légéreté envers leur palladium, leur constitution chérie. Il avoit envoyé chercher, en poste, la couronne royale et le manteau de Saint-Etienne, dont les Hongrois veulent que leur souverain vienne se revêtir au milieu d'eux. Il faisoit le roi d'une manière encore moins constitutionnelle. Un des priviléges auxquels on pourroit dire que les Hongrois tiennent le plus, s'ils n'étoient pas également jaloux des uns et des autres, c'est celui de s'imposer eux-mêmes. Joseph ii, sans les consulter autrement, leur envoyoit demander une contribution telle qu'il la vouloit. Un peuple aussi peu ménagé, n'étoit que trop disposé à recevoir le germe des troubles qui, en fermentant dans la Hongrie, arrêtèrent le feu empereur au milieu de ses espérances et même de ses desseins les plus utiles. C'est ce qu'il fut obligé de reconnoître; son caractère altier fut forcé de fléchir. Sur la fin de ses jours il renvoya les attributs royaux à Bude, et promit qu'il iroit se faire couronner. C'est sur cette terre encore tremblante, que Léopold ii arriva. Il rendit sur-le-champ aux Hongrois leurs priviléges et leurs prérogatives; et quoiqu'ils ne fussent pas tout-à-fait contents, puisqu'ils demandoient un diplôme public des cessions qu'on leur faisoit, et qu'ils n'obtinrent qu'une charte privée, ils passèrent cependant des murmures aux transports de joie, comme des enfans qui ne sont jamais si près de rire que quand ils pleurent. Par cette extrême facilité Léopold acheta la paix et la nomination de l'Archiduc, son quatrième fils, au Palatinat. Ce choix peut avoir des suites bien intéressantes; mais pour les mieux faire sentir, il faut jeter un coup-d'œil sur la forme du gouvernement de ce pays.

LETTRE XVII.

Hongrie.

LA Hongrie est divisée en cinquante-deux comitats : parmi leurs chefs douze sont comtes suprêmes héréditaires, les autres comtes suprêmes seulement. Ils relèvent directement de la couronne. Tous les magnats, même simples barons, peuvent être comtes suprêmes. C'est ce qui établit la différence entre les héréditaires et les autres. Tous peuvent également devenir Palatins. Les comtes suprêmes ont, entr'autres fonctions, celle d'assembler les nobles de leurs comitats pour les affaires publiques, et dans toutes les occasions où ceux-ci paroissent, ils portent les armes des comtes suprêmes sur leurs *sabretaches*.

Les chefs de la noblesse hongroise sont quatre barons. Le palatin, le judex-cury, le ban de Croatie et le trésorier, et six autres barons ; les cinquante-deux comtes et les magnats, qui sont comme les grands en Espagne : voilà ce qui forme la première chambre. La seconde est composée des députés de la noblesse, du clergé du second ordre et des villes. Parmi les magnats il y a trois princes, mais de l'Empire ; car il n'y a en Hongrie que des comtes et des barons : ce sont les princes Esterhazy, Bathiani et Cazalkorvich. On donne au premier neuf cent mille florins de revenu, et au dernier quatre cents.

La dignité de palatin est la première du pays ; c'est le vice-roi : mais il a des prérogatives que n'a point un vice-roi ordinaire. Dans certains cas, il a de droit les biens des particuliers qui seroient dévolus à la couronne : il convoque les états. Les consentemens réunis du roi et de la nation sont nécessaires pour le déposer : un seul ne suffit pas. Il ne perd sa dignité que par forfaiture. Quand la paix et la guerre sont décidées, le palatin donne seul l'ordre aux troupes de marcher, et les commande.

Le primat est la seconde personne de l'état.

Le judex-cury est la troisième. C'est le chef suprême de la justice, et cette place est possédée par les premières familles de Hongrie. Elle étoit encore plus belle depuis

quelque temps qu'il n'y avoit plus de palatin.

La diète est composée des deux chambres
dont j'ai parlé. Le personale est le président
de la chambre des nobles. Le palatin préside
la chambre des magnats. Le président a la
même autorité que celui de notre assemblée
nationale. Il n'a le droit de faire taire personne. La manière d'y siéger est aussi singulière que la manière de s'y faire entendre.
Tout le monde parle ensemble. Les uns sont
assis sur des tables, les autres à cheval, jusqu'à ce que celui qui veut pérorer se lève.
Quand on veut l'entendre, le consentement
se manifeste par le mot *ayouc*, qu'on pro-
nonce aussi pour faire taire l'orateur quand
on est las de l'écouter. C'est l'*hear-him* des
Anglais. Dans la chambre des magnats on
parle en latin. C'est-là que furent prises ces
généreuses résolutions, qui montrent que les
Hongrois ont aussi bon cœur que mauvaise
tête. Le premier usage qu'ils firent de la liberté
de s'assembler que leur rendit Léopold II,
fut de lui offrir quatre cent mille florins et
cent à l'impératrice; et pour que le prince ne
refusât pas, dans la crainte que ce ne fût un
fardeau de plus pour le peuple, comme c'é-

toit l'ordinaire, ils décidèrent que la noblesse supporteroit seule cette taxe. On dit que le prince Esterhazy donna soixante mille florins pour sa part. C'est aussi dans cette assemblée que ces mêmes Hongrois, qui s'étoient opposés aux succès de Joseph II, décrétèrent que si, dans le congrès de Scistowa, on proposoit quelque condition qui blessât la majesté de leur nouveau souverain, ils soutiendroient eux seuls le poids de la guerre en hommes et en argent. J'ai traversé la Hongrie; tout y a renchéri dans une proportion exorbitante depuis deux ans. C'est tout dire sur la folie de l'offre, et sur l'insuffisance où l'on seroit de la tenir.

Un des témoignages d'affection qui a le plus flatté Léopold, a été l'abrogation du fameux statut d'André II, qui permettoit à tout Hongrois d'ôter la vie au prince qui attenteroit à leur constitution.

La hiérarchie des tribunaux de Hongrie, sont la chambre districtuale, la table royale et les septemvirs. Les officiers de la table royale sont nommés par l'empereur. Le judex – cury préside le tribunal des septemvirs.

Presque toutes les impositions portent en

Hongrie sur les paysans ; beaucoup sur-tout sur les troupeaux qui, par leur nombre, sont comme un signe de plus de l'origine tartare des habitans. Les paysans ne sont point propriétaires ; les terres sont aux gentilshommes dont ils ne sont que les fermiers. On leur donne des terres à bail, avec obligation de telle redevance : seulement on ne peut pas retirer une terre des mains d'un paysan, sans lui en donner une autre. Ceuxci ne peuvent pas quitter, et sont attachés à la glèbe. Je ne sais pas jusqu'où s'étendent les entraves mises sur l'industrie ; mais les nobles, par le vice de leur économie territoriale, semblent d'accord avec le gouvernement autrichien, pour étouffer tous les germes de la prospérité du pays. Les efforts d'une politique contraire au bien de la Hongrie, repoussent par-tout les bienfaits de la nature. On cultive avec succès la soie, le tabac. La première est en ferme, le second en régie pour le compte de l'empereur. C'est une des plus intéressantes productions du pays. On dit que cette denrée rapporte annuellement à la Hongrie deux millions sept cent mille livres d'argent étranger. En 1779, on a vendu, par le seul port de Trieste, cent mille livres de tabac en poudre, et trois millions trois cent mille livres en feuilles. On fait un grand commerce d'eaux-de-vie, sur-tout à Pest.

On boit en France du vin de Tokai comme on boit du vin de Constance. C'est un vin blanc et assez doux : je ne trouve pas qu'il vaille sa réputation. On en boit moins dans le pays, qu'en Pologne et en Russie. Cette année 1790, il en a été vendu pour près d'un million envoyé dans ces deux pays. On a chargé de droits les vins de Hongrie, pour favoriser le débit de ceux d'Autriche. Ils paient d'abord en Hongrie un droit considérable, ensuite un droit de transit, puis les droits pour les chemins, qu'on exige encore en Autriche. Ainsi tel vin qui coûte huit francs le seau paie quinze francs. Si on laisse séjourner le vin de Hongrie dans les états héréditaires, il faut en payer l'impôt de consommation en entier, qui est de cinq livres par seau, comme si le vin eût été bu dans la ville. Cette somme, qui est une avance très-onéreuse pour le marchand, ne lui est rendue que quand il est prouvé par les certificats des douanes des frontières, que ce vin est vraiment sorti du pays. De plus, lorsque le vin sort par le nord, il faut qu'il paye vingt-quatre kreutzers par seau; et si, pour diminuer les frais, on veut le transporter par eau, il faut prendre la même quantité de vin d'Autriche.

On peut juger par tous ces détails que le joug impérial pèse beaucoup sur le pays. Si j'ai examiné le fardeau un peu longuement, c'est pour le mettre en opposition avec les droits et la puissance du palatin, et pour montrer qu'un gouvernement auquel l'inquiétude des Hongrois porte sans cesse ombrage, a peut-être fait une imprudence politique de ne pas laisser la dignité de palatin, ou vacante comme elle étoit, ou entre les mains des simples seigneurs hongrois. Leur ambition n'étoit pas à craindre; et si l'élévation au palatinat ne l'avoit pas satisfaite, la jalousie des autres magnats les auroit toujours arrêtés. Mais un palatin du sang de leurs rois, qui auroit la politique d'aller se fixer au milieu d'eux, qui se ménageroit un peuple qui, par caractère, ne demande qu'à être séduit, pourroit soustraire un jour à un frère ou à un neveu un des plus beaux fleurons de la couronne autrichienne. Entre l'Autriche et la Hongrie, le voisinage est aussi intime que l'aversion entre le Hongrois et l'Allemand. Goûts , instruction, discipline, costume , esprit , lenteur d'un côté, enthousiasme de l'autre, tout est opposition. Intérêts politiques par le systême actuel de l'Europe, intérêts de pays, intérêts moraux, tout les sépare. Le schisme est devenu plus naturel entre les deux peuples, qu'il ne l'étoit entre les Espagnols et les Portugais.

LETTRE XVIII.

Bude, 1ᵉʳ janvier 1791.

LE premier janvier 1791 (1), je me suis embarqué dans la très-longue route de Vienne à Constantinople, où j'arrivai le premier de mars. J'avois une voiture allemande à quatre roues, qui n'éprouva dans les plus indignes chemins depuis Vienne jusqu'à Scistowa, qu'un léger accident à Bude. Le *veturino* qui me la vendoit, nous l'avoit cependant garantie *per Dio santissimo*. C'est pourquoi nous nous attendions à quelque chose de pis. Jusqu'à Bude la route est ferrée, assez belle, et offre peu de choses à remarquer quand on

---

(1) A la lettre, il est vrai, que je suis parti le 31 décembre : la raison en est simple; je craignois les souhaits de bonne année pour ma bourse. Toute la valetaille allemande, laquais ou coureurs, viennent, dès la veille de votre départ, dès le lendemain du souper que vous avez fait chez leur maître, vous demander la *buona mancia*. Cela est aussi ruineux que contradictoire, avec le faste et l'orgueil de ceux qu'ils servent.

est en poste. Passé Fishament, dernière ville
impériale, on est délivré de l'ennui des barrières. A Rackendorf, il y a un beau château au prince Bathiani, quarré comme à-
peu-près tous ceux que j'ai vus en ce pays.
Il y a une volonté de jardins anglais, et un
grand luxe de contrevents verts. Jusqu'à
Hochtraff, ce ne sont que des plaines dont
la couleur noirâtre annonce la fertilité. Il
ne faut qu'attacher les cultivateurs par la
propriété. Le vice, c'est que les terres sont
entre les mains du plus petit nombre. Les
villages n'ont qu'une rue et ressemblent
beaucoup à des huttes de sauvages. Raab est
une ville fameuse par la défaite des Turcs
en 1683 (1). Ils allèrent dans leur fuite tout
d'une traite depuis Vienne jusqu'à Raab,
qui en est éloigné de plus de quarante lieues.
Tout le pays est aussi fertile que peu cultivé.

---

(1) Le siége de Vienne fut fait pour la seconde fois
par les Turcs en 1683, commandés par le grand-visir
Cara-Mustapha, qui avoit avec lui cent mille hommes.
L'empereur et l'impératrice se sauvèrent. Sobieski, roi
de Pologne, fit lever le siége le 12 septembre. L'empereur, de retour, le reçut froidement, sans doute parce
qu'il lui devoit trop.

I.   F

La ville de Bude est la première ville du monde selon les Hongrois; à-peu-près comme le plus beau château de la Westphalie étoit celui de M. le baron de Thunder-ten-trunck. Le Danube coule majestueusement au bas d'un côteau assez élevé; et c'est sans doute par les meilleures raisons possibles, qu'on a bâti la plus belle des villes, entre deux gorges adossées au fleuve qu'on n'apperçoit que du château. On auroit gagné même militairement à placer une ville forte sur une hauteur qui commande au moins vingt lieues de pays du côté de Témesswar, et la vue n'y auroit pas perdu. Le château de Bude est assez beau, mais la ville est aussi laide que la vie y est chère. Je me souviendrai de l'auberge de l'é-léphant. *Perfidus hic caupo.* Il y a tout à gagner à descendre à Pest, uni à Bude par un pont de bateaux. Bude a été prise sur les Turcs en 1686. Ils la possédoient depuis 1541. C'étoit la capitale d'un pachalic. J'ai eu grand empressement d'aller visiter les premiers monumens que je rencontrois de la religion, des arts, des mœurs turques. J'ai vu des églises autrefois des mosquées, qui ne m'ont donné aucune idée des véritables; des bains chauds et une ville toute entière, qui est appelée Rascianstadt, qui est habitée par une colonie de Slaves.

Pest offre plus d'objets de curiosité que Bude. Nous avons eu fort à nous louer d'avoir été adressés à M. l'abbé Mitterpocher, homme de mérite d'une grande simplicité, fort instruit, et auteur d'un ouvrage latin très-estimé sur l'agriculture. Il nous a fait voir le collège bien bâti et destiné primitivement aux jésuites. Dans le cabinet d'histoire naturelle, la partie de la minéralogie est d'autant plus belle que les richesses sont à la porte. La Hongrie et la Transilvanie abondent en mines de fer et même en mines d'or. Carchaw fournit les opales les plus estimées. On a recueilli des morceaux de malaquite très-précieux. Le cabinet est composé de deux parties ; l'une, achetée par l'université à la mort de l'archiduchesse Marianne, est estimée vingt-cinq mille florins ; l'autre est à vendre. Elle appartenoit à un professeur. Elle est fort supérieure à l'autre pour la partie des animaux. Je ne veux pas parler d'un lièvre à deux têtes, d'un mouton double, ou de toutes sortes d'autres petites merveilles.

L E T T R E XIX.

DE Bude à Témesswar, il n'y a de remarquable que la monotonie des plaines, l'ennui et la laideur des chemins qui ne permettoit souvent pas d'aller à pied. Les noms des villages hongrois sont d'une douceur qui contraste avec la pauvreté qui s'annonce sur l'extérieur des habitans des maisons. Kitsea, Aïs, Komora, Nesmüli, Oësa, voilà des noms aussi agréables, que les villes qui les portent le sont peu. C'est ainsi qu'une Hongroise enveloppée dans ses fourrures, patauge avec ses bottines dans le plus crotté des pays, et dit *bassani* à son amant farouche. Au milieu de la Hongrie, à-peu-près, est Fregedin sur la plus triste et la plus jaune des rivières. Près de Témesswar j'ai rencontré une famille française, trois hommes, deux femmes et deux enfans. Ils étoient venus de Nancy par le Danube en partie, et de Vienne jusqu'à cette extrémité de la Hongrie comme ils avoientpu, s'expliquant sans savoir un mot d'allemand, portant alternativement leurs petits enfans, dont la fraîcheur étoit aussi étonnante après une route pareille, que les soins qu'on avoit d'eux étoient touchans. Ces bonnes gens alloient rejoindre des parens établis dans un de ces villages de Hongrie que l'empereur François Ier avoit peuplés de Lorrains. Il y en a plusieurs dans le Bannat; d'autres où on parle allemand, sclavon. Il ne faut pas juger de la Hongrie par ce que je dis de la partie que j'ai traversée; c'est la partie centrale : et les mieux cultivées sont le côté de la Transilvanie, et celui qui avoisine la Croatie.

LETTRE XX.

Bannat.

. . . . quæque ipse miserrima vidi,
Quanquam animus meminisse horret luctuque refugit.

TÉMESSWAR est la clé de la Hongrie et la
capitale du Bannat, ce fameux théâtre de la
dernière guerre dont le résultat a été une
grande dépense en hommes et en argent, la
perte des meilleurs généraux de l'Autriche,
et la dévastation du pays le plus florissant.
C'est une ville très-bien fortifiée, selon le
système réuni de Cohorn et de Vauban. Le
général Sora a le commandement de Témesswar et de tout le Bannat. La ville peut avoir
douze mille hommes de garnison. Il y a un
hôpital pour deux mille hommes, et un autre hors de la ville pour les blessés. Les soldats y sont fort bien. Dans leur administration sage, on reconnoît le fruit des leçons
que Joseph II a prises dans ses voyages. Chaque soldat a son lit. L'air est continuelle-

ment purifié avec de l'encens, du vinaigre, etc. Une partie des revenus de l'hôpital consiste dans la paie du soldat, qui est retenue pendant son séjour. La ville peut être inondée à une lieue; mais ce moyen de défense devient aussi nuisible aux assiégés qu'aux assiégeans, par les maladies que causeroient les eaux croupies. On ne peut pas être mieux reçu que nous ne l'avons été par le comte Soro. Il nous a prêté sa voiture, sa loge au spectacle, nous a donné un fort bon dîner où il y avoit d'aussi jolies femmes que la ville le permettoit; des officiers allemands sentant bien la pipe, et par conséquent vous parlant dans le nez, soufflant de petits complimens au tabac à de bonnes grosses beautés qui ne s'embellissent pas à minauder, qui se croient mises comme à Vienne, où on se croit mis comme à Paris.

Après Témesswar, on trouve Ragosh. C'est la première couchée. Le pays est bien boisé. On y cultive avec succès le blé de Turquie et le tabac. Le changement de mœurs et d'habillemens devient extrêmement sensible. Le premier village qu'on rencontre est grec. Les femmes y sont plus agréables que les Hongroises. Elles ont un

mouchoir de couleur sur la tête, en forme
de turban ; vont nu-jambes avec des petits
jupons extrêmement courts. Cet endroit-là
est très-joli et très-peuplé. On n'y regrette
ni les crottes de la Hongrie, ni les bottes qui
sont à toutes les jambes d'hommes, de femmes et d'enfans. La seconde couchée est
Lugosh. On y arrive le long du canal construit par les ordres du général Mercy. Ce
canal fait arriver les bois de Transilvanie,
et est d'une grande ressource pour les communications. Lugosh est bâti dans le terrein
le plus marécageux : c'est un lieu considérable. Les arbres qui bordent sa principale
rue, lui donnent plus l'air d'une allée de
boulevard que d'une ville bâtie dans une
mer de fange. La différence de gouvernement entre le Bannat et la Hongrie est très-
sensible. Les Turcs se sont avancés jusqu'à
deux lieues de Lugosh. Ils semblent ne
l'avoir respecté que pour mieux montrer
dans le reste du Bannat l'horreur de leurs
ravages, et faire mieux juger de l'état florissant où étoit ce beau pays il y a si peu de
temps.

C'est à Lugosh qu'on commence à se pré-
cautionner contre les voleurs qui infestent

ces fameux défilés. Ils sont formés des corps francs licenciés. J'ai cru avec une espèce de raison, qu'ils n'exerçoient pas à la fin de janvier. Un pendu et six roués que nous avons rencontrés, nous ont fait penser que c'étoit autant de moins à craindre. Le général Soro en fait une justice sévère. Le fetfa n'est pas plus respecté à Stamboul que l'ordre du général dans le Bannat. Nous en vîmes une preuve à notre arrivée. Nous envoyâmes à Lugosh notre ordre pour faire route au commissaire du comitat, qui l'envoya au juge du district. Celui-ci étoit au bal, et n'arriva que deux heures après. Le commissaire lui fit donner des coups de bâton, le juge les rendit au pandoure qui exécute ses ordres, le pandoure les rendit aux paysans, qui les ont rendus à leurs chevaux. Voilà comment, calcul fait, il y a eu au moins cinquante coups de bâton de distribués à Lugosh à notre occasion.

Karansebès est le premier monument des fautes de l'empereur et des cruautés des Turcs. Il ne reste de cette ville que ce qu'il faut pour montrer ce qu'elle étoit. On commence à rebâtir quelques maisons. Les rues sont grandes; mais elles se sont trouvées l'être bien peu, lorsqu'en 1787, douze mille cavaliers impériaux y ont été engagés. Les Turcs les attaquoient à-la-fois en tête et en queue, faisant feu de ces mêmes maisons qu'ils ont incendiées ensuite. Ils s'emparoient de l'archiduc François, si deux murs de grenadiers allemands ne s'étoient formés devant lui, pendant que, par une méprise aussi funeste qu'ordinaire la nuit, deux corps autrichiens se fusilloient mutuellement. L'empereur lui-même perdit son chapeau en fuyant précipitamment, et ne dut son salut qu'à la vîtesse de son cheval : son salut, c'est-à-dire de ne pas tomber entre les mains des ennemis, car sa fuite accéléra sa mort. Son cheval s'abattit et lui donna, en se relevant, un coup dans la poitrine, qu'il s'obstina à taire, et malgré lequel il voulut toujours continuer sa course. C'est alors qu'il rappela le maréchal Laudhon. Les succès des Turcs dans cette première campagne s'expliquent facilement, s'il est vrai, comme on le prétend, que quand on voulut mettre M. de Bréchainville au conseil de guerre pour avoir, sans coup férir, abandonné les hauteurs qu'il occupoit avec seize mille hommes, il ait montré un ordre secret signé de l'empereur.

On assure qu'en mourant, l'empereur écrivit au général Lascy. Ce seroit peut-être l'explication de l'énigme à l'avantage de l'homme qui a compromis sa réputation pour sauver la gloire de son maître. Il est très-vrai que M. de Lascy prit sur son compte la bévue de l'empereur : par conscience, peut-être, Joseph II voulut reconnoître ce service par des prévenances auxquelles le vieux général ne répondit jamais.

Ces fameux défilés commencent à quelques lieues de Karansebès, à un endroit appelé Flatina. Ils ne sont pas si terribles que leur réputation. On en a beaucoup réparé les chemins, et excepté quelques endroits, il est vrai fort étroits, ce ne sont pas les plus dangereux de la route. Le chemin est pratiqué contre la montagne ; le fond de la gorge donne passage à une rivière rapide, et pendant l'espace de deux lieues les deux montagnes se rapprochent à pic au point de laisser à peine la place au chemin et au torrent. Le paysage ne perdoit rien pour être vu par un superbe clair de lune, qui guidoit précisément autant qu'il le falloit et argentoit le sommet des gorges. A mesure qu'on s'enfonce dans ces défilés, on découvre par-tout des retranchemens, dés lignes. Auprès de *Terra-Nova*, on traverse la petite plaine entourée de hauteurs où le général Clairfait battit les Turcs par une manœuvre si hardie. On descend ensuite à Mehadia. La ville est dans le même état que Karansebès. Il y a des ruines antiques sur une très-haute montagne, dont je me souviendrai long-temps. J'y ai été surpris par la nuit, et j'ai failli y coucher. Ce qu'il y a de remarquable ce sont des bains chauds que les Turcs ont détruits, et la fameuse grotte de Veterani où le major Stein a tenu si long-temps contre les Turcs. Un capitaine du régiment de Bréchainville lui prépara ce succès en faisant tête aux Turcs, qui le firent enfin prisonnier, pendant que le major gagnoit la grotte et s'y retranchoit. On ne parla pas de lui.

Shuppaneck présente, comme Karansebès et Mehadia, un spectacle de désolation. Le petit nombre de misérables qui l'habitent, ressemblent à des ombres errantes au milieu des tombeaux.

On laisse sur la gauche la Témess, qui se jette dans le Danube à très-peu de distance. On rencontre sur la droite un aqueduc en briques, bâti par les Turcs, sous la conduite d'un ingénieur français : on dit même qu'il fut la cause de l'avant-dernière guerre.

A une lieue de Shuppaneck, on retrouve le Danube plus beau, plus large que jamais. C'est au milieu du fleuve qu'est bâti Orsowa; si l'on peut dire bâtie, d'une forteresse dont l'église seule paroît au-dessus du niveau de la terre. Les fortifications sont presque à hauteur d'appui. Toutes les habitations sont sous terre, dans les casemates. Orsowa occupe entièrement une petite île au milieu du Danube. Quand on a passé le pont de bois qui joint le fort à l'amas de maisonnettes qu'on appelle pompeusement la ville, on entre dans Orsowa. Il a été fortifié par le général Tocsa, qui eut depuis la tête tranchée à Belgrade, pour avoir rendu Nissa. Le maréchal Laudhon prit Orsowa, et les Autrichiens conviennent que les Turcs y ont tenu deux mois de plus que n'auroient pu faire toutes autres troupes européennes. Le général Daun y commande. Il étoit passablement de mauvaise humeur de ce que nous avions retardé son dîner. Au demeurant, c'est le meilleur homme du monde ; et il nous a donné une ordonnance qui parloit valaque, pour nous faire alimenter et porter dans le nouveau pays que nous avions à parcourir.

En quittant Orsowa, on suit une levée le long du Danube, fort longue, fort haute et fort étroite. Orsowa sépare le Bannat de Témesswar, du Bannat de Crajova ou petite Valachie. A deux cents pas de la ville, le Danube tourne à droite en côtoyant la Bulgarie, et développe la plaine d'eau la plus magnifique. Du côté de cette même Bulgarie, à l'endroit où on quitte la levée, est le district de *Gladora*. Il appartient à la sultane favorite *pour ses épingles* (1). On dit que ce district rapporte cent mille florins : le territoire est sacré pour les Turcs. C'est une contradiction singulière que l'état d'asservissement où ils tiennent les femmes, et le respect qu'ils ont et qu'ils exigent qu'on ait pour elles ; car une des injures qu'ils prodiguent aux Européens, c'est : Homme qui ne respecte pas les femmes.

---

(1) C'est un usage bien ancien en Asie. On voit dans Hérodote, dans Denys d'Halicarnasse, etc. que l'Ionie et la Carie fournissoient, l'une, les vêtemens, l'autre, les ceintures de Parysatis, de Statira.

LETTRE XXI.

Czernitz est la première bourgade valaque. Un caporal pandoure, qu'une médaille à sa boutonnière nous annonçoit pour le plus brave, comme il étoit le plus beau, le plus vigoureux et le plus saoul de tous les caporaux, nous accompagna chez un boyard, qu'il condamnoit à nous loger. Tout avoit fui à l'aspect de notre introducteur. Le valet du boyard qui lui tomba sous la main, reçut en moins de rien une volée de coups de bâton, pour n'avoir pas paru sur-le-champ, autant pour notre chambre, pour notre feu et pour le foin sur lequel nous devions coucher. L'esclave n'en fut ni plus triste ni plus prompt, parce qu'ici ce n'est qu'une manière de demander les choses. Cependant la bonne volonté du caporal nous a nui; car le lendemain matin ayant vu le boyard, nous lui fîmes dire, par notre *ordonnance*, que nous étions fâchés du dérangement que nous lui avions occasionné. Le bon hôte lui dit qu'à la brusquerie de notre arrivée, il nous avoit pris pour des officiers allemands ; que s'il avoit su que nous fussions des étrangers, il nous auroit offert sa chambre. Cependant ces maîtres éphémères traitent les Valaques moins mal que les Turcs; mais on voit que ce moins n'est pas encore un mieux pour eux. Il nous fit entrer dans sa chambre, nous donna à fumer, nous fit prendre du café, des confitures, de l'eau-de-vie, et nous obligea d'emporter des poulets. Sa petite femme vint ; elle étoit brune, mise à la mode du pays, le petit ventre en pompe et la gorge enfermée dans deux poches de mousseline. Je lui ai tendu la main pour lui dire adieu; je me souviens qu'il l'a prise et l'a mise sur son cœur. Je conviens que sa manière étoit plus noble et plus affectueuse que la mienne. Il étoit d'une figure noble, brun, des yeux vifs, d'une belle stature comme presque tous les Valaques.

Nous quittâmes Czernitz d'une manière brillante, mais de bien mauvais augure pour les chemins. Douze chevaux et autant d'hommes faisoient à peine avancer notre voiture. A quelques cents pas de la ville, le relais nous laissa, ne coûtant pas même un remercîment. Le maître de poste fournit les chevaux et les hommes qui sont assujétis à cette corvée, dans les villages situés sur ce qu'on appelle pompeusement la grande route. D'un autre côté, ils ne paient pas d'autre impôt, ce qui rend la chose moins révoltante. A quelque distance de Czernitz est une montagne d'un quart de lieue au plus, que nous fûmes plus de trois heures à monter. Ce fut pour moi une occasion d'observer le caractère de ces bons Valaques, qu'il n'y a que manière de prendre comme presque tous les hommes. Notre *ordonnance* alla nous chercher des paysans, qui commencèrent à se jeter dans leurs bois. Il lui fallut faire une battue pour nous en procurer dix ou douze. Quand les fuyards virent que nous ne maltraitions pas leurs camarades, et que nous aidions tous les premiers à faire marcher la voiture, ils nous joiguirent peu à peu, et j'en ai compté plus de trente qui soulevoient, sur leurs épaules, la voiture et même les chevaux, plus gênans qu'utiles par leur nombre et la manière dont on les attèle. Ils s'animoient mutuellement par des cris affreux. Je n'ai jamais aimé ces hurlemens qui me semblent rapprocher l'homme des animaux. Rien ne me toucha comme de voir l'intérêt que les pauvres Valaques prenoient à des gens dont ils avoient commencé par se méfier. L'attente d'un salaire auquel ils ne sont point accoutumés, laisse toute sa pureté à la compassion qu'ils inspirent. Il sembloit que ce fussent leurs effets qu'ils transportassent. Il n'y a pas jusques à un vieillard que je vois encore, et qui avoit trouvé le moyen de placer, au milieu de tous ces bras, le bâton qui l'aidoit à marcher, pour pousser la voiture.

Quelle source de réflexions ! Un caporal, revêtu d'un sarreau autrichien, fait fuir ou rassembler, comme de timides troupeaux, des hommes grands et qui ont l'extérieur de la force; qui auroient l'air des enfans de la liberté, si leurs yeux ne décéloient pas leur asservissement, si l'esclavage ne leur avoit même pas fait croire qu'ils sont foibles. Combien cette pusillanimité contraste avec cette figure sauvage, cette hache qui pend à leur ceinture, cette peau de mouton sale, mais qui, jetée sur leur côté gauche et rattachée sur la poitrine, rappelle le vêtement romain ! ces lambeaux de toile qui, assujétis par une corde croisée, forment leur chaussure, dont la noblesse est aussi attestée que déchue, quelque loin qu'il y ait de la chaussure valaque à celle d'un agréable de la cour d'Auguste.

Quand on voyage en Valachie, il faut se faire une raison sur les superfluités de la vie. On jouit précieusement de l'exact nécessaire, parce qu'on en est souvent privé, et qu'on se trouve heureux de ne point passer la nuit dans les bois, n'étant jamais sûr de faire six ou huit lieues en douze ou quinze heures. On dort dans des cabanes bâties sous terre, que la fumée seule fait soupçonner d'être habitées. Les Valaques ont grand soin d'enfouir ainsi leur existence et ce qu'ils peuvent posséder, dans la crainte que les Turcs ne s'en emparent. Voilà l'état d'avilissement où l'oppression et la tyrannie réduisent les hommes.

On a établi, pour les communications, des relais de chevaux de distance en distance, à la tête desquels est un caporal pandoure, qui fait les honneurs de la maison. Nous nous terrâmes un soir dans un de ces taudis, et nous nous assîmes par terre en arrivant. La lumière très-foible du foyer nous empêchoit de voir que nous étions entourés des notables du lieu, que la curiosité avoit amenés. Le caporal, assis sur un petit escabeau

comme sur un trône, prononça gravement
en valaque : *illumina*. Tout le chœur répéta:
illumina, illumina. Je m'attendois à une petite illumination, quand je vis arriver une
chandelle toute rabougrie, que portoit, avec
la dignité convenable, le *notarius* de l'endroit. Ces messieurs, après nous avoir exa-
minés, et tâté sur-tout des boutons de métal
qu'ils prenoient pour des miroirs, nous per-
mirent de nous coucher avec les poulets que
nous devions manger le lendemain.

Je me souviens de l'intérêt que Vaillant
jette sur les plus petits détails de son voyage
en Afrique : je voudrois être aussi heureux.
Son Hottentot, qui ne voulut boire de l'eau-
de-vie qu'après que toute sa famille en eût
goûté, me rappelle le trait suivant, dont j'ai
été témoin.

Il étoit nuit : nous arrivâmes, avec un ti-
mon cassé, à la porte d'une cahute située au
milieu des bois. Un trou au plancher servoit
de cheminée à quatre bûches qui brûloient
debout. La cabane étoit pleine de fumée : on
n'y respiroit qu'accroupi comme en Lapo-
nie. Une femme toute déguenillée étoit sur
le bout d'une vieille couverture, qui re-
muoit de temps en temps, et je croyois qu'il

y avoit des petits chats dessous. Nous avions pendu notre marmite au plancher avec tout le génie possible, et nous y faisions cuire du riz et des poules. Cette femme regardoit avec un air d'intérêt sur lequel je me méprenois. Nous lui donnâmes une aile de poulet : elle ne l'eut pas plutôt, qu'elle tira précipitamment de dessous la couverture un petit enfant tout nu, tout endormi, tout grondant, pour la lui faire manger.

En général, ce qui m'a le plus frappé dans ce pays-là, c'est l'air souriant et tranquille de tous les enfans. Leurs parens leur attachent sur la tête toutes les pièces de monnoie qu'ils ont : voilà pourquoi les aspres, les paras et les ducats, en Valachie et en Turquie, se trouvent percés.

Des bois, des montagnes, des chevaux plus détestables encore que les chemins, voilà ce qu'on rencontre par-tout avant d'arriver à Crajowa, capitale de la petite Valachie.

LETTRE XXII.

Avant d'entrer dans des détails particuliers sur la Valachie, je vais tracer rapidement quelques apperçus moraux, historiques et politiques sur ce pays.

La Valachie, ainsi que la Transilvanie et la Moldavie, étoient comprises sous le nom de Dacie du temps des Romains. Les habitans passoient pour être hardis et belliqueux. Je ne sais pas s'ils étoient indigènes; mais il est constant que les Romains ayant vaincu le roi Décébale, à la suite d'une guerre fort longue, réduisirent ces pays en provinces, qu'ils y envoyèrent de nombreuses colonies, que Trajan y bâtit un pont de pierre sur le Danube, qui unissoit la Mysie, aujourd'hui la Bulgarie, au Bannat de Crajova. On en voit encore les ruines près de Czernitz. Il est à remarquer aussi qu'on a trouvé dans ce pays des monnoies d'Amyntas et de Philippe, roi de Macédoine. J'en ai vu en Hongrie, aussi bien que de Lysimaque, un des successeurs d'Alexandre.

Il paroît que les colonies furent très-multipliées. Les avantages naturels du pays devoient les encourager. Dans le peu de temps que les Romains en furent libres possesseurs, leur langue devint la langue générale et la seule dans le pays, même aujourd'hui on la retrouve quoique corrompue.

Les Slaves commencèrent au deuxième siècle à faire des incursions en Europe, et à attaquer l'empire romain. Ils paroissent avoir établi leur quartier général dans ces deux provinces, ainsi que dans la Bessarabie. Leur position et la facilité d'y trouver des subsistances étoient de grands avantages. Il paroît que ces hordes nombreuses poussées de pays en pays vers le midi, par le desir de nouvelles conquêtes, cédèrent la place à de nouvelles peuplades de barbares que le même besoin faisoit sortir de leurs déserts. Il est certain que pendant plusieurs siècles, les habitans de la Moldavie et de la Valachie, unis aux Slaves bulgares, firent des excursions jusqu'à Andrinople, et même jusqu'à Constantinople. Il est probable que ces peuples partageoient leur temps entre la guerre et le soin de leurs troupeaux. Leur histoire seroit difficile à recueillir et peu intéressante. Livrés pendant long-temps tour-à-tour au brigandage et au repos, elle auroit le caractère de leurs mœurs. Le climat froid et humide qu'ils habitoient, accoutumoit leurs corps à la fatigue, mais empêchoit leur esprit de se cultiver.

Aux Slaves succédèrent les Tartares. Cette nation qui venoit de plus loin, et qui étoit très-nombreuse, inonda avec la rapidité d'un torrent la partie méridionale de l'Europe, et pénétra jusqu'aux confins de l'Italie. Après la conquête de l'Inde et de la plus grande partie de l'Asie, Gengiskan tourna ses vues du côté de l'Europe. Il y envoya d'immenses nuées de guerriers, qui fondirent à deux époques différentes, en 1233 et en 1236, sur la Hongrie et la Dacie.

Alors la Valachie et la Moldavie qui se nommoient Cumanie, avoient leurs chefs ou princes particuliers qui étoient souvent en guerre avec les Hongrois leurs voisins. Pour se soustraire au joug redoutable de ces nouvelles hordes, ils se refugièrent avec leurs sujets et leurs troupeaux dans les états du roi de Hongrie, sous la protection duquel ils se mirent. Ceux-ci prirent le titre de princes de Cumanie et de Valachie, et envoyèrent des officiers pour administrer la justice.

Enfin les incursions des Tartares cessèrent. Béla et Louis 1er étoient rois de Hongrie, lorsque sous leurs auspices, la nation valaque refugiée dans la Transilvanie, vint habiter de nouveau son ancienne patrie sous la conduite de deux chefs qui prirent le nom slave de Vaivode.

Rodolphe le Noir s'y établit le premier. Il occupa le terrein appelé aujourd'hui Valachie, qui se trouve entre le fleuve Aluth et le fleuve Siret. Le Bannat de Crajova qui est aujourd'hui la petite Valachie, resta dépendant du royaume de Hongrie, et fut donné par ses rois à titre de commanderie aux chevaliers de St.-Jean de Jérusalem, qui en étoient bans ou vice-rois, avec la charge de protéger les pelerins qui alloient d'Allemagne dans la Terre-Sainte. On rencontre encore aujourd'hui plusieurs pierres où est sculptée la croix de cet ordre.

Rodolphe et ses successeurs bâtirent ou rétablirent plusieurs villes qui sont devenues la résidence des Vaivodes, comme Campolongo, Curti d'Argis, Tergovitz et Bucharest.

Bogdan l'autre chef, fut s'établir avec ses Valaques dans la Cumanie qui s'appela d'abord Moldavie, du nom d'un petit fleuve qui la traverse, et ensuite Bogdanie comme les Turcs la nomment aujourd'hui. Il fit bâtir les villes de Sorocca, de Romanoff et d'Yassi.

Les deux Vaivodes furent d'abord vassaux des rois de Hongrie, à qui leur nation devoit son salut ; mais quand leur établissement eut pris quelque consistance, ils commencèrent à secouer le joug, à résister les armes à la main, s'unissant entre eux ou avec les peuples voisins ennemis des Hongrois. La Pologne d'un côté, chercha à se mêler des affaires de la Moldavie au préjudice de la Hongrie ; et la puissance des Ottomans s'étant accrue par la destruction de l'empire grec, le goût des conquêtes leur fit passer le Danube, et les fit aspirer à la possession de la Valachie et de la Moldavie, comme une riche proie qui se trouvoit à leur convenance. Les princes et les nobles des deux provinces, d'un caractère inconstant, profitèrent de l'occasion pour se soustraire à la domination de la Pologne et de la Hongrie. Ils commencèrent à s'allier aux Turcs en leur payant tribu. Après la mort de Louis II, arrivée l'an 1526 à la bataille de Mohacz gagnée par les Turcs, la Hongrie se trouva sans roi, et trop occupée de ses affaires particulières pour se mêler de celles de ses voisins. Les Boyards n'ayant plus ce frein, eurent l'imprudence de recourir à la protection de la Porte, qui saisit cette occasion d'étendre son empire, et depuis ce temps elle est restée maîtresse de la Valachie et de la Moldavie.

Dans la suite, quelques princes ont essayé de secouer le joug, par exemple le célèbre Michel de Valachie qui fut généralissime de l'empereur Rodolphe II; mais les tentatives n'ont jamais réussi, n'étant soutenues que du courage et du génie d'un seul homme que sa nation ne secondoit pas.

La Porte, par bienveillance, accorda aux boyards Valaques et Moldaves le privilège de nommer leurs princes quand le trône étoit vacant, et les Valaques ont joui de ce privilège depuis l'an 1520 jusqu'en 1714, que Constantin Brancovani fut décapité à Constantinople. Les Moldaves le perdirent vers 1711, époque de la révolte du prince Cantimir et de sa fuite en Russie.

L'abus que les deux nations ont fait de ce

privilège, leur a coûté la liberté et a fait périr beaucoup de leurs princes. Dans le cours de deux siècles, l'ambition de parvenir au trône a causé une guerre civile continuelle. Enfin, dans cet espace de temps, la Valachie a changé quarante fois de princes, et la Moldavie tout autant.

La Porte, soit pour ne pas causer d'ombrage à l'empereur, roi de Hongrie, et à la Pologne, soit par d'autres motifs, jugea à propos de ne pas envahir ouvertement les deux provinces; elle se contenta de les avoir pour tributaires, et pour gouverner plus sûrement, au lieu d'arrêter les désordres occasionnés par la concurrence au trône, elle les entretint en en donnant l'investiture à celui qui restoit vainqueur. Voyant enfin le dépeuplement et la désolation de ces deux pays, la Porte, après que Brancovani eut été déposé, nomma un prince sans consulter les Boyards. Ce fut d'abord un Valaque; mais lui ayant ôté la vie et le trône, elle y fit monter un Grec de Constantinople, et ils se sont succédés depuis. Ce fut Nicolas Maurocordato, fils du célèbre Alexandre, plénipotentiaire de la Porte à la paix de Carlovitz, qui fut le premier Grec qui régna en

Valachie. Il en fut le Néron, acheva d'étouffer ce reste de liberté qui adoucissoit la vie
des Boyards et rendoit leur fortune moins
précaire. Telle est l'origine de la dynastie
des princes grecs. Leur nation, jusqu'alors
avilie par l'esclavage, avoit perdu toute idée
de noblesse et de délicatesse, et se contentoit
d'exercer à Coñstantinople le négoce et les
arts mécaiques. Un Grec, nommé Pana-
jotti, ayant rendu de grands services au
visir Kuperli pendant le siège de Candie,
comme interprête de la langue italienne, fut
le premier Grec nommé interprête de la
Porte ottomane, poste occupé d'ordinaire
par des renégats. Un second hasard lui
donna pour successeur un autre Grec, nommé Alexandre Maurocordato, né à Scio,
plein d'ambition et de capacité, sachant les
langues de l'Europe et la médecine qu'il
avoit étudiée à Padoue, et qui lui avoit
valu la protection des grands de Constantinople.

Ces deux postes d'interprête et de prince
de Valachie et de Moldavie réveillèrent
l'ambition et l'esprit d'intrigue naturels aux
Grecs. Ils envoyèrent leurs enfans étudier
la médecine en Italie, ou les mirent à la

suite des nouveaux princes, de sorte qu'ils ne tardèrent pas à acquérir des connoissances, des richesses et un crédit proportionné à leurs talens. Comme ils ne pouvoient pas devenir tous à-la-fois interprêtes et princes, et que chacun le vouloit, ils commencèrent à former des cabales auprès de la Porte, et ils ont fini par faire des deux principautés une ferme que le gouvernement vend chaque année au plus offrant. Ce trône est devenu le patrimoine des Grecs du *fanal.* Il est le prix de leur bassesse et de leurs intrigues, la récompense de leur adresse et le châtiment de leurs noirceurs. Rien n'égale la perfidie de leurs trames que la rapidité avec laquelle ils se supplantent tous. Ces cruelles divisions ont fait la ruine des deux provinces, les ont changées en déserts, et n'ont pas mieux réussi aux princes. Le tableau suivant en fera foi.

Grecs, Valaques ou Moldaves étranglés ou décapités, en ce siècle, pour la cause des deux principautés.

Le prince Brancovani, ses quatre fils et un boyard. 1714.

Le prince Cantacuzène et son père. 1716.

L'archevêque de Valachie, noyé. 1716.

Jean Maurocordato, prince de Valachie, empoisonné par Nicolas son frère. 1719.

Lanachi Ipsilanti, chef des pelissiers à Constantinople, grand-oncle d'Alexandre Ipsilanti, pendu. 1737.

Constantin Ghina, dragoman de la Porte, décapité. 1740.

Canacchi-Zuzzo, frère aîné du prince Michel Zuzzo, pendu. 1760.

Stravacchi, régent de Valachie et de Moldavie, pendu. 1765.

Grégoire Callimaque, prince de Moldavie, décapité. 1769.

Nicolacchi Suzzo, dragoman de la Porte, décapité 1769.

Grégoire Ghicca, prince de Moldavie (1), poignardé par un capidgi à Yassi. 1777.

____

(1) Les détails de la mort de Grégoire Ghicca vont prouver l'adresse de la Porte pour se défaire des gens suspects, et les ruses des capidgis-bachis. Le divan s'y prit d'une manière assez méprisable pour se défaire de ce prince. On choisit précisément un de ses amis

Le vestiaire Bodgan, issu des princes de Moldavie, décapité avec un de
ses amis, à Yassi, par ordre du prince
Morosi.   1778.

Patracchi-Della-Zecca, décapité.   1786.

Morogeni, tué à Béla par ordre du
grand-visir.   1789.

---

intimes, qu'on revêtit du titre d'écuyer du grand seigneur et d'inspecteur de la forteresse de Chottin. La
Porte donne ordinairement ces caractères extraordinaires aux gens qu'elle charge de commissions secrètes.
Ce singulier message devoit donner du soupçon à
Ghicca, déjà prévenu des mauvaises intentions du divan et du départ d'un capidgi. Ses amis de Constantinople lui avoient écrit. Il venoit de recevoir une lettre du
prince de Valachie qui l'avertissoit. C'étoit au moment
même qu'il se préparoit à aller rendre visite au capidgi
qui venoit d'arriver et qui feignoit d'être malade. Les
remontrances de ses amis avoient été inutiles. Le capitaine de sa garde albanoise, qui lui étoit fort attaché,
et qui étoit un homme fort et courageux, vouloit l'ac-
compagner comme à l'ordinaire. Il le fit rester, et entra
seul dans la chambre du turc qui, quelques momens
après, lui demanda du tabac; et feignant de le trouver
mauvais, il appela un homme à lui, et lui dit d'en donner au prince de meilleur qu'il avoit dans une boîte. Le
turc, en la lui présentant, donna à Ghicca deux ou trois
coups de poignard dans la poitrine. Celui-ci qui étoit

C'est ainsi que la Valachie et la Moldavie de l'état de monarchie indépendante, ont passé d'abord à l'oligarchie féodale, et sont ensuite tombées sous le joug dur et destructeur des princes étrangers, esclaves euxmêmes d'un gouvernement révoltant et tyrannique.

---

leste et hardi, se leva pour sauter par la fenêtre; mais les barreaux se trouvèrent trop étroits, et il fut retenu par plusieurs assassins qui achevèrent de le poignarder. Il est remarquable que ce prince portoit toujours un poignard à sa ceinture, et que ce jour-là précisément il ne l'avoit pas sur lui.

LETTRE XXIII.

Crajova est une assez grande ville. Elle a, comme la capitale de la Valachie, son spatari, son vestiaire et son divan (1). Ces titres subsistent encore, quoique sans fonctions, bien libres à présent. On nous mena voir les

(1) Le spatari est le généralissime des troupes. Il a la police des villages. Il a une prison dans son palais, et inflige des peines pécuniaires et corporelles. Aussi cette charge, très-lucrative, est occupée par un grec parent ou favori du prince. Le prince Cantacuzène est spatari à Bucharest. Le spatari est aussi intendant des postes.

Le vestiaire ou trésorier est toujours du pays, pour être mieux à même de recouvrer plus aisément et en plus grande quantité les contributi ns. Ils sont ordinairement long-temps en place, et ont la confiance du prince. Il est à remarquer que tous ceux qui occupent les principales places, portent leur barbe longue, ce qui est une distinction dans le pays.

Le divan est le tribunal de la justice. Il a l'air d'influer sur les affaires publiques; mais le vrai pouvoir est concentré dans le prince et ses ministres.

principaux boyards, et nous trouvâmes le
premier échantillon des mœurs orientales.
Plusieurs parlent français et assez bien. Les
femmes sont habillées à la turque, leurs
maris aussi, excepté qu'ils portent des cal-
paks au lieu de turbans. Elles enveloppent
leurs cheveux, qui ont leur couleur naturelle et qui sont courts, d'un morceau d'é-
toffe noire ou rouge qu'elles tournent autour et qu'elles ornent de guirlandes de fleurs
ou simplement de quelques bouquets. J'en ai
vu plusieurs avoir cette coiffure couverte
de superbes diamans, mais qui étoient mal
montés. Les graces dans une femme vêtue à
l'orientale ont un caractère aussi séduisant,
mais bien distinct de celles d'une française.
C'est un abandon que ce costume flottant et
voluptueux accompagne de la façon la plus
piquante. Je l'ai remarqué avec plus de plaisir encore à Constantinople, parce que les
femmes qui y sont vêtues à l'orientale, dans
la société mêlent la grace européenne à la
négligence asiatique qui a quelque chose de
noble et de tendre. Ce mélange heureux
tourne au profit de la coquetterie. Toutes
ces grecques avoient quelque chose de mélancolique, arrivant d'un air languissant

qui sied si bien à leurs yeux noirs qu'adoucissent leurs longues paupières. Elles quit-
tent leurs babouches au bas du divan, et
vont s'accroupir dans un coin, ne tenant
pas plus de place assises, qu'une française debout. Pour leurs mains, dieu sait où elles
sont, quand elles ne tiennent pas leurs petits
chapelets de corail ou de roses durcies et
passées dans l'ambre.

Les boyards aiment beaucoup à jouer,
même gros jeu. J'ai vu par-tout des pha-
raons; les femmes s'en mêloient, et cela ne
les embellisoit pas plus qu'ailleurs.

Le président du divan se nommoit Stiribée. C'étoit un gros vivant, qui auroit re-
présenté à merveille Bombance dans le Roi
de Cocagne. Il nous avoit promis de nous
mener au divan le lendemain, mais il n'y en
a pas eu, vu le peu d'affaires. Il nous a offert
à dîner pour nous consoler, et j'ai accepté
bien volontiers. J'ai vu que les femmes man-
gent accroupies comme elles le sont le reste
de la journée; que les boyards sont aussi
amateurs de contes et de nouvelles que les
anciens Grecs, et que leurs ragoûts les en
rapprochent encore mieux, ne valant pas
plus que ceux des Spartiates.

J'allai le même jour au bal. J'y trouvai un Turc de Nicopolis, auquel tous mes nouveaux amis me présentèrent. Je m'en souviens, parce que c'est le premier que j'aie vu. Il voulut bien m'assurer de sa protection, et me donna son adresse, qui vraiment m'eût été utile si j'avois passé dans sa ville. Les danses valaques ont un caractère de langueur : c'est le geste le plus voluptueux soutenu d'un air simple et monotone. On se tient par les bras en les élevant, ce qui relève aussi, d'une façon fort heureuse, les trois quarts et demi des gorges : on fait un pas en avant et un pas en arrière ; pendant trois quarts-d'heure c'est toujours oui et non. On ne recherche pas assez l'origine des danses. En général, celles des Turcs n'en ont point une équivoque; ce sont tout simplement des tableaux de l'Arétin mis en action. Pourquoi y auroit-il de la délicatesse dans leurs allégories, quand il y en a si peu dans leurs jouissances ?

En allant chez Stiribée, nous vîmes un soir de la lumière dans un grand bâtiment au milieu de sa cour. C'étoit une église qu'il avoit fait bâtir : nous y entrâmes, et l'on y célébroit une noce. Il tomboit, pendant la cérémonie, des noisettes et des avelines, qui me rappeloient le *Sparge marite nuces*. Il est évident que cet usage vient des Romains. Mais ils ont dérobé à plus d'un peuple celui-ci, qui, dit-on, se pratique dans les mêmes circonstances.

La première nuit des noces (1), tandis qu'entre la pudeur et l'amour il se livre un combat, que doit suivre une défaite aussi douce que la victoire, les parens de la mariée donnent la chasse aux plus jeunes frères ou parens de l'époux, pour leur faire subir, à ce qu'ils prétendent, la peine du talion, et venger la jeune victime du mal qu'elle souffre. Au bout de l'année, tous les parens se rassemblent pour célébrer l'anniversaire des

---

(1) In tempo che la prima notte lo sposo è occupato in consumare il matrimonio, i parenti della sposa danno la caccia agli di lui giovanetti fratelli, a prossimi parenti per far loro subire per quello ch'essi pretendono la pena del taglione, e vendicare la giovane vittima del dolore che sta soffrendo. In capo all'anno si radunano tutti parenti per celebrare l'anniversario delle nozze, et si repete lo stesso attentato, restando nella libertà dei giovanetti di redimersi con una quantità di vino! V. *Ozservazioni storiche, naturali, politiche intorno la Valachia e la Moldavia, Vienne*, 1783.

noces, et la même cérémonie recommence ; mais les jeunes parens ont alors la liberté de se racheter avec une certaine quantité de vin.... Un vieux boyard m'a assuré que ce singulier usage étoit en pratique il n'y a pas long-temps, parmi la noblesse, et qu'on a éprouvé, en général, du mécontentement de le voir se perdre.

LETTRE XXIV.

On peut prendre à la lettre ce qu'on dit en Valachie des chemins et de la disette de vivres. La dernière poste, avant d'arriver à Bucharest, est une de celles qui ne finissent point. Nous quittâmes le relais à cinq heures du soir, et il étoit jour quand nous arrivâmes dans la ville. Ce ne sont que des bois, des bourbiers et des montagnes. Enfin, après avoir vu naître et finir la plus longue des nuits, nous sommes descendus dans le trois cent soixante-cinquième couvent de Bucharest, qu'on nous avoit donné pour logement (1). Le général Ensemberg commandoit les troupes allemandes. Nous en avons été parfaitement reçus, d'après les lettres que nous lui remîmes du prince

(1) Le nombre des églises et des couvens qui se trouvent dans les villes et hors des villes de Valachie ne se conçoit pas. Tous les princes et les plus riches particuliers ont eu la vanité d'en faire bâtir pour conserver leur mémoire, n'oubliant pas de faire peindre sur les murs leurs belles actions et celles de leurs familles.

de L.... et du comte Philippe Cob.... Sa maison étoit intéressante, sur-tout par le nombre d'officiers qui avoient été faits prisonniers et qu'on venoit d'échanger. Ils maudissoient les Turcs autant qu'ils se louoient de M. de Choiseul. Il n'y a pas de démarches qu'il n'ait faites pour abréger leur captivité, et il n'y a pas de manœuvres que l'ambassadeur d'Angleterre n'ait fait jouer pour empêcher l'effet de ces bons offices.

Un de ces prisonniers étoit tombé entre les mains de deux cents Turcs, revenant seul d'une découverte. On cite même, dans l'armée, le trait d'Iosouf, pacha, qui renvoya au général Clairfaith la croix de Marie-Thérèse que portoit l'officier, et lui fit tenir à lui-même cinquante louis qu'on lui envoyoit.

Un vieux capitaine avoit été pris à Méhadia, après avoir tenu fort long-temps avec une poignée d'hommes : sa résistance prépara le succès du major Steïn, qui fut mieux récompensé que lui.

La ville de Bucharest est toute planchéyée au lieu d'être pavée. Hommes, chevaux, voitures, tout marche sur des madriers posés à côté les uns des autres, souvent rompus ou

prèts à rompre. Cependant les chevaux et les
chariots allemands, à-peu-près les seuls en
usage, vont avec une égale vîtesse. On porte
devant eux des espèces de réchauds enduits
de naphte : cela brûle pendant plusieurs
heures et ne s'éteint pas.

Crajova est à Bucharest ce qu'est une ville
de province à une capitale, et c'étoit pour juger de la différence que je faisois trente lieues
de plus. Nous y avons passé huit jours, et
nous avons fait connoissance avec le prince
Cantacuzène, qui passeroit pour un homme
instruit par-tout. Il déteste les Turcs, qui
avoient mis sa tête à prix; mais sa haine est
plus tranquille que celle de son frère. Il leur
échappa comme par miracle, et leur voua
une telle animosité, qu'après avoir servi
contre eux dans l'armée du prince de Cobourg, il s'est jeté, depuis la paix, dans l'armée russe, pour les combattre encore. Je
me souviens de lui, parce qu'il avoit mis son
frère, à Bucharest, dans une affliction comique. Il lui avoit envoyé, par un Grec, deux
jeunes esclaves prises à Ismaël, avec une
lettre d'avis, et le prince n'avoit reçu que la
lettre.

Il ne gardoit pas mieux ses conquêtes

qu'il n'assuroit ses présens. On m'a dit qu'à..... il avoit enfermé dans une salle basse des esclaves qu'il venoit de prendre. Quand les officiers autrichiens savoient le prince absent, ils entroient, et les pauvres captives qui s'attendoient toujours à quelque chose de pis, se résignoient, jusqu'à ce que le prince, las de pourvoir aux plaisirs de l'armée, leur ouvrit la porte à toutes.

On nous mena chez le *Tesorière* un jour d'assemblée. Il étoit au milieu de la pièce, fumant une pipe dont le bout posoit à terre à quatre pas, et de la main qu'il avoit libre, il signoit des mémoires que lui présentoient ceux qui étoient là. Au fond de l'appartement huit ou dix Valaques étoient couchés devant autant de boyards. Petit à petit le divan se remplit; une nuée comme de chattes de toutes couleurs, vint se fourrer à quatre pattes derrière celles qui étoient déjà placées, et toutes ces têtes coiffées comme j'ai déjà dit, rapprochant dans tous les sens ou des fleurs ou des pierreries, sembloient autant de lustres ou de parterres. J'ai vu là un original dont je me suis promis de me souvenir. C'est un boyard appelé Campanion, d'une gaîté rare pour le pays où il vivoit et

pour la position où il se trouvoit. Il avoit
été à Spa avec un officier russe, contre l'ordinaire des boyards que les princes ne laissoient pas sortir du pays (1). Je le trouvois
plus malheureux que l'aveugle de naissance;
car Spa et Bucharest sont assurément le jour
et la nuit. Il me parloit de la maîtresse qu'il
y avoit laissée, et pour en faire un digne
éloge, il me disoit : Elle étoit belle comme la
lune.

---

(1) Pour empêcher les boyards de porter leurs plaintes à la Porte, les princes et les ministres, non-seule-
ment leur interdisoient toute correspondance avec les
étrangers, mais ne leur permettoient pas de sortir du
lieu de la résidence du prince même pour aller dans
leurs terres, de crainte qu'ils ne s'en fussent à Constantinople.

LETTRE XXV.

JE quittai, au bout de huit jours, le général Bucharest et les boyardes. La neige qui étoit tombée nous en fit éloigner promptement. Nos chevaux trottant et même galoppant, ce qui sont deux choses miraculeuses sur les grandes routes de Valachie, nous portèrent en peu de jours à Chinmitza, qui est sur le bord du Danube en face de Scistowa. C'est un amas de chaumières dont je ne parlerois pas, si nous n'y avions été reçus à merveille par un major du régiment du prince Eugène qui se trouvoit là en quartier. Je n'ai jamais vu autant de choses extraordinaires (1), que ce jour-là. Le ma-

(1) J'y vis pour la première fois un chameau. De tous les enfans de la nature, il n'y en a pas qu'elle ait affublé de singularités plus grotesques. Il semble qu'elle n'ait fait entrer qu'à regret la bonté dans la composition de ses œuvres. La bonhomie chez tous les animaux bipèdes, quadrupèdes ou à plumes, est toujours accompagnée de quelque dot ridicule. Rien n'a l'air plus bête

jor avoit la plus belle queue qui fût dans l'armée autrichienne, et je trouvai chez lui un jeu d'échecs, un très-bon dîner et un pot de moutarde de Maille. En voyant cette forme si connue et l'adresse du fameux Maille, rue des Arcs, mon enthousiasme fut aussi réel que celui de Potaveri.

> . . . . Et mon ame attendrie
> Du moins pour un instant retrouva sa patrie.
>
> DE LILLE.

---

qu'un âne, une autruche, ou un mouton. Ce chameau si utile par sa vigueur, sa sobriété, sa docilité, qui ne peut vivre que dans les climats où on ne pourroit pas le suppléer, il est plein de difformités et de disproportions. Monté sur des échasses qu'il plie si à propos pour recevoir les fardeaux les plus lourds, sa tête est emmanchée dans un si long cou, qu'ils ne se suivroient pas les uns les autres, si on ne faisoit précéder toutes les caravanes par un âne.

LETTRE XXVI.

Scistowa est situé sur une montagne au bas de laquelle coule le Danube qui sépare la Bulgarie de la Valachie. C'est là que se tenoient les conférences pour la paix entre les Turcs et l'Empire. Si un étranger n'y voyoit que ce qu'on lui montre, cela se réduiroit à moins que rien. Les quatre ambassadeurs avoient tous une fort bonne maison. Le pays se prêtoit à leur faciliter les moyens de faire une chère excellente. Les vivres et toutes les provisions recherchées arrivoient sans peine par le Danube. La Valachie fournissoit le meilleur gibier, et le fleuve les poissons les plus exquis. C'est sur l'article de la table que les quatre ambassadeurs étoient le mieux d'accord. Tous y apportoient des intérêts et des dispositions bien différentes.

L'empereur vouloit la paix. Il est trop sage pour ignorer que les bons marchés ruinent. Il se voyoit à la tête d'un grand empire dont les deux extrémités étoient en fermentation, et ne croyoit pas qu'avec des finances épuisées et une armée en mauvais état, ce fût le moment de songer qu'il ne restoit plus de barrière que Vidin, entre Belgrade et Andrinople.

.Le roi de Prusse envoyoit des ministres au camp du visir, des ministres au congrès, des ministres par-tout, et des troupes nulle part. Pour son argent, ses négociateurs pourroient lui apprendre que les Turcs ne se gagnent pas par des mots; que leur amitié est un commerce qui demande beaucoup de mises dehors, et dont les rentrées sont incertaines; mais il veut représenter, il dépense les trésors de son prédécesseur à faire à ses soldats des habits neufs qu'il ne voudroit pas mouiller. Il s'enfle pour montrer qu'il n'a que le même nom que son oncle. Ce n'est pas une médiation; ce sont des loix qu'il envoyoit. *Le roi mon maître entend*, disoit le marquis de L.... dans la convention de Reïchembak. Il attend majestueusement l'ambassadeur turc, que son ministre lui a fait envoyer. C'est là caricature de ceux qu'ont reçus Louis xiv et Louis xv ; mais les journaux en parleront, parce que tout le monde n'étoit pas sur le chemin de

Témesswar à voir passer cette fameuse ambassade sur trois charrettes. Quoique le général Haun lui ait fermé les portes à Orsowa, que le prince de Cobourg l'attendît à Bude pour le prier de ne pas mettre le pied à Vienne, il n'en a pas moins fait une entrée triomphale à Berlin; on ne lui en a pas moins montré

Ces géans court vêtus, automates de Mars,
Ces mouvemens si prompts, ces démarches si fières,
   Ces moustaches, ces grands bonnets,
Ces habits retroussés, montrant de gros derrières
   Que l'ennemi ne vit jamais.

Il suffit d'avoir vu les Turcs, pour savoir à quoi toutes ces avances - là aboutiront. Celui qui peut le plus compter sur eux, est celui qui s'en fait le mieux craindre. Depuis Tchesmé, les Turcs ne voyoient pas un Russe sans respect. Oczakoff et Ismaël détermineront encore leur prépondérance quand ils auront fait la paix. La politique turque ne connoît de loi que son intérêt; il faut même qu'il soit sensible, leur ignorance et leur paresse l'empêchant de le chercher loin. Ils lisent les papiers publics qu'on leur traduit, mais n'en connoissant pas mieux ce qui leur est avantageux. Ils oublient les services du roi de Suède, et ne pensent qu'à ce qu'ils appellent sa désertion , sans songer qu'il ne pouvoit pas continuer la guerre, et que sans l'occupation qu'il donna à la czarine, les Cosaques pilleroient, peut-être à présent, les kiosk du grand-seigneur.

Le baron de Herbert est l'internonce impérial : c'est un homme sage et fort versé, dit-on, dans la politique. Il doit sa fortune ministérielle au comte Ph. Cob...., un des hommes les plus considérés de Vienne. C'est faire l'éloge de tous les deux. Joseph II qui ne faisoit rien comme un autre, le chargea d'envoyer au divan sa déclaration de guerre. La commission étoit dangereuse. Il fut mis aux sept tours; mais il en sortit quelque temps après sur les instances de M. de Ch.... qui, graces aux menées de l'ambassadeur d'Angleterre, ne fut pas aussi heureux au sujet de M. Bulgakoff (1).

Le chevalier Keith est le ministre d'Angleterre à Vienne. Il est aussi instruit que prévenant et communicatif. Il est chevalier de l'ordre du Bain, et a servi avec distinction

_____

(1) On sait que c'est l'usage de la Porte-Ottomane d'emprisonner les ambassadeurs des puissances qui lui déclarent la guerre.

avant d'être ambassadeur. Il est encore à la tête d'un régiment anglais, et je trouve plaisant qu'il ait signé hier à Scistowa, le congé d'un de ses officiers en garnison à la Jamaïque.

J'avois vu à Vienne le baron de Ha.... et sa charmante femme, aussi bonne à voir que lui. Il est grand, vieux, sec, joue au wicht. Malgré cela, sa devise est : *Nos numerus sumus* parmi les ministres médiateurs.

Le marquis de Luchesini a dans ses yeux, dans ses gestes, dans son maintien, quelque chose de très-séduisant. Il plaît par-tout. Il est si attentif, si prévenant, si affectueux, qu'il laisse à tout le monde la même idée de lui. Il est très-délié, sait également la portée d'un mot et d'un pas, ayant l'air de parler avec une bonhomie et une confiance uniques, eût-il à demander Dantzick aux Polonais. Il est si affable, qu'il est impossible de ne pas s'en défier ; aux petits soins avec tout le monde, il n'y a pas de petits moyens qu'il néglige de peur d'en oublier de grands. Il est venu jouer cet hiver à Vienne le rôle le plus satisfaisant pour son amour-propre. Il faut savoir qu'après avoir été dans diverses cours d'Allemagne, il vint à Vienne. Il étoit

assez bien vu du prince Kaunitz, qui étoit
alors dans toute sa gloire. N'obtenant pas ce
qu'il desiroit, il se prépara à partir pour
Berlin. Comme on lui demanda ce qu'il alloit
faire, il dit qu'il alloit voir le premier homme de l'Europe. Le P. K.... croyoit qu'on
devoit dire le second devant lui, et quand on
lui parloit depuis du marquis, il disoit toujours : Je ne connois pas cet homme-là (1).
Cet homme qu'il avoit si mal jugé devint le
médiateur qui apportoit la paix à l'Autriche.
Aussi rien n'égala les caresses inconséquen-
tes du prince, qui ne quitte pour personne
son insultante dignité; mais en fait de dé-
monstrations, le marquis n'étoit pas en
reste, ce qui me fait penser qu'il a plus d'esprit que de fierté.

Les Turcs donnent, d'ailleurs, à chacun
de ces messieurs deux cent cinquante florins
par jour : il y a toujours à gagner avec les
glorieux.

---

(1) Cela me fait penser au baron de P.... le plus conséquent des barons. Un homme lui avoit fait ses adieux,
et ne partit pas. Il alloit tous les jours voir ses filles, et
le trouvoit. Le baron ne lui parloit pas. Quand on lui
demandoit pourquoi, il répondoit : *Cet homme-là est
parti pour moi.* Cette comédie dura peut-être six mois.

LETTRE XXVII.

Il fallut faire à cheval la route de Scistowa à Constantinople. Il ne falloit pas moins que le congrès pour rendre praticable ce chemin-là. Celui de Belgrade, qu'on prend toujours, se trouvoit encore interrompu. Par les soins de M. de Herbert, le reis-effendi nous donna le chef de ses *tartares* (1), avec un autre pour nous fournir de vivres et de chevaux.

(1) Ces *tartares* sont des courriers qui sont très-respectés. Leur nom n'indique pas leur origine, car Mustapha étoit de Scio.

La bonne foi avec laquelle ce turc fit accord avec nous, m'a frappé. Il demanda d'abord beaucoup, et finit par consentir à nous conduire pour cinquante louis, ce qui, joint aux *batchis*, tant à lui qu'aux autres hommes qui nous accompagnoient, fit monter les frais à soixante et tant de louis. Pour nous montrer qu'il concluoit, il nous demanda un à-compte pour acheter nos selles, etc. Nous lui donnâmes trente ducats, cela valut un contrat passé; nous n'en eûmes pas d'autre reconnoissance. Dans la route il nous en redemanda sans autre formalité; il mettoit à nous procurer ce qu'il nous

Un des dragomans nous céda un de ses valets pour nous servir d'interprète, et notre petite caravane, composée de seize chevaux et de neuf hommes, partit de Scistowa vers le milieu de février avec l'espoir de rencontrer la peste qu'on disoit à Shiumla, des voleurs dans le Balkam (1), l'avant - garde russe peut-être avant d'y arriver, et avec un peu de bonheur, la queue de l'armée turque en descendant les montagnes.

Il y a des gens préposés à la police des routes, et que l'on nomme *Seimens*. Ils sont censés empêcher que les soldats, en passant, ne causent des ravages. Mais ils vivent eux-mêmes à discrétion sur les terres des chrétiens bulgares, dont les biens ne font que changer de mains, puisqu'ils sont les premiers voleurs. Ceux qui exercent cette pro-

---

falloit un zèle incroyable, étant plus fâché que nous lorsqu'il nous manquoit quelque chose.

Les turcs offrent mille traits de probité pareille. Il y a des professions où elle est comme un esprit de corps. Les kiradgis à Salonique, transportent, sur leurs chevaux, cinquante, soixante mille piastres sans donner de reçus, et paient sans difficulté ce qui se perd en chemin.

(1) Nom moderne du mont Hémus.

fession publiquement ont affaire aux bos-
tandgis, qui font l'office de nos cavaliers de
maréchaussée. Ceux-ci les fusillent, les em-
palent ou les pendent sans miséricorde.
Quand un voleur échappe à ces trois accidens, et qu'il se trouve assez riche pour
rentrer dans la société, il achète souvent une
charge de cadi, et l'homme qui a exercé
fait pendre les autres d'autant plus sûrement qu'il sait où les trouver.

Cette façon de procéder n'est pas surpre-
nante, dans un pays où l'impunité et les ré-
compenses sont le prix de la perfidie et des
crimes. Quand la Porte se lasse d'envoyer
des capidgis-bachis à un sujet révolté, elle
lui envoie les queues au lieu du cordon.
C'est ainsi que ce Mahmoud, pacha de Scu-
tary en Dalmatie, vient de recevoir les
queues pour prix de sa révolte, de ses cruautés et de tous les chiaoux qu'il a expédiés.

C'est ainsi que la Porte ne touche plus la
moindre contribution à vingt lieues à la
ronde dans la Macédoine, parce que l'aga
de Katri, qui est à la tête de cinq ou six
cents brigands qui habitent le mont Olimpe,
ne paye rien pour le pays qu'il a affermé et
rançonne impunément les environs de Sa-

Ionique (1). On lui avoit envoyé plusieurs successeurs ; il les fit étrangler les uns après les autres, excepté un vieillard auquel il pardonna à cause de son âge, et qu'il laissa partir le lendemain par une suite de cette générosité inconséquente qui se trouve souvent chez les Turcs à côté des plus grandes atrocités.

De Scistowa nous allâmes à Gabrua. De bons chevaux, des campagnes couvertes de neige, des ravins, des gués, des collines, quelques ruines, de beaux points de vue le long de quelques précipices, voilà ce qu'on rencontre avant d'arriver au pied du Balkam.

Un courrier du reis-effendi, ou un janissaire qui va à l'armée, traverse le Balkam sans se douter que c'est le mont Hémus,

> Unde vocalem temerè insecutæ
> Orphea silvæ,
> Arte maternâ rapidos morantem
> Fluminum lapsus, celeresque ventos,
> Blandum et auritas fidibus canoris
> Ducere quercus.
>
> Hor.

---

(1) Quand on veut voyager dans ce pays-là, la seule manière d'être en sûreté est de s'abonner avec lui. Il

Les superbes arbres du Balkam sont sur leurs picds depuis que le chantre de la Thrace ne s'enrhume plus dans leur société. Mais il seroit à souhaiter que quelque Orphée moderne les fît descendre dans la plaine. On en feroit de beaux mâts de vaisseaux.

Le passage du mont Hémus est une des belles horreurs qu'il y ait dans la nature. La neige en couvroit la plus grande partie : tantôt nous voyions un glacis blanc d'une hauteur énorme, qui n'étoit séparé de celui qui étoit sous nos pas, que par un chemin de deux pieds tout au plus ; tantôt le vent nous enveloppoit d'un brouillard si épais, que nous ne voyions pas devant nous. Ces nuages se formoient et se dissipoient avec la même rapidité. Quelquefois les montagnes laissent entrevoir comme à travers un voile la plaine que le soleil colore pendant que vous avez la nuit autour de vous. Sur le sommet on ne voit plus de neige ; un lit

---

vous donne un guide aussi respectable que les bandits de Sicile, qui portent, outre des armes, une petite sonnette au talon, qui vaut mieux que tous les firmans de la Porte.

continu de roc noirâtre, du granit, du marbre, et en descendant on marche entre des montagnes d'argile. Leurs couches perpendiculaires, leurs formes en aiguille offrent de singuliers effets ; elles n'ont que l'apparence de la solidité, comme ces arbres d'Afrique où les termites font leur ruches (1).

Quand on quitte cette nature âpre et sévère, la plaine où l'on entre paroît encore plus riante et plus gracieuse. Au pied même du mont Hémus est Cazanlik, le Ghulistan de l'Europe. On ne voit par-tout qu'arbres fruitiers de toutes espèces : le village est au milieu d'un immense verger. Les roses qui y viennent en sillons comme la vigne, y sont recueillies et travaillées avec le même soin. Dans le printemps, l'odeur de ces charmantes récoltes parfume l'air à plus d'une lieue. Que d'idées cet endroit délicieux inspire ! il n'en falloit pas tant pour faire éclore de la brillante imagination des Grecs la plus ingénieuse allégorie. Cazanlik, pourquoi n'as-tu pas eu ton Théocrite ou ton Anacréon ? Il auroit amené Vénus présider à la moisson de sa fleur chérie ; Pluton t'auroit

---

(1) *Voyez* Sparrmann.

enlevé une Proserpine, et les roses de Cazanlik eussent fait oublier les prairies d'Enna. Ton poète auroit embelli les nymphes modernes de la Thrace, qui expriment assez grossièrement des feuilles de la rose, cette divine essence qui va à mille lieues mêler son parfum au souffle d'une jolie Française; mais il auroit conservé dans ses tableaux le vieux Turc qui la vend au poids de l'or. Quand je vois sa balance, ses atômes de poids, l'air sérieux avec lequel il débite sa précieuse et volatile essence, la sûreté infatigable de sa main qui la verse goutte à goutte, il me semble voir le temps peser le prix d'une jouissance.

LETTRE XXVIII.

Je ne parlerois pas de Sagara, si je n'avois pas vu à la porte de la maison où nous couchions un fût de colonne cannelée. J'ai demandé d'où il venoit, et on m'a dit qu'il y en avoit bien d'autres dans tous les environs. J'ai regretté de ne pas pouvoir m'arrêter. On trouveroit probablement quelques vestiges curieux. La poste n'ayant pu nous fournir de chevaux, les habitans furent obligés de nous en procurer à leurs frais : nous avions vingt-cinq heures de route à faire, et, calcul fait, nos chevaux revinrent chacun à vingt-six livres de notre monnoie. La cause de cette disette étoit le passage d'Insuf, pacha, qu'on attendoit avec sa suite, qui étoit de quatre-vingts chevaux, parce qu'il voyageoit *incognito*. Dans le même village, le pacha de Bosnie avoit fait, l'année passée, étrangler deux hommes de la poste. Je ne sais pas quelle espèce de tort ils avoient ; mais cela prouve qu'un pacha a droit de vie et de mort dans le pachalic d'un autre comme dans le sien.

Pour l'estime de l'espèce humaine, je voudrois que la bienfaisance plutôt que la religion, eût amené, le long des chemins, ces fontaines où est attachée une coupe de fer blanc, et que l'on rencontre à chaque demi-mille : mais les Turcs croient mériter le ciel et les regards de leur prophète, en fournissant aux voyageurs de quoi se laver les deux orteils et le prépuce ; et il n'y auroit peut-être pas la moitié autant de fontaines, si elles ne servoient qu'à désaltérer le voyageur. Cependant les Turcs sont hospitaliers ; mais ils le sont souvent pour les hommes et toujours pour les chiens (1). Il y a même à Hermanli, qui est le premier endroit habité après Sagara, un très-beau han. Entre Sagara et Hermanli, on passe le fleuve Maritza, qui est le fameux Hèbre. La manière de le traverser

---

(1) Dans l'île de Candie, auprès de la Canée, on a construit un hôpital pour les chiens ; je n'ai pas vérifié s'ils étoient servis en argenterie comme les chrétiens le sont à Malte ; mais il y a une petite chaussée qui y mène, d'une largeur convenable, pour *les chiens de pied.*

est trop simple. Les bateaux sont faits comme ces caisses de papier pour les biscuits à la crème; ils sont quarrés, faits de planches de sapin clouées, et épaisses d'un doigt au plus. On y a joint deux ou trois traverses qui les renforcent très-foiblement; et si on mettoit le pied à côté, on défonceroit le bateau (1). La route conduit à Ibipsa; mais quand on se perd comme nous fîmes, on y arrive par une nuit obscure, à travers des étangs immenses d'eaux débordées, des trous, des ravines et des boues à n'en pas sortir. Notre gîte à Ibipsa, étoit comme une île à travers une mer de crotte, si peu guéable, que je me souviens d'avoir fait amener mon cheval pour gagner des *lieux à la turque*, situés au haut d'une grande butte isolée à cinquante pas delà. Les Turcs rioient, et moi aussi, mais c'étoit de souvenir : je pensois au roi de Hongrie montant au galop sa montagne au sacre de Presbourg. On peut faire par-tout des réflexions sur les grandeurs humaines.

---

(1) Bien entendu que nos personnes et not e bagage ont passé seuls dans ces bateaux : nos chevaux traversèrent *sur leur bonne foi;* et je me souviens qu'ils se déterminèrent difficilement.

Je passerois sur ces détails un peu immondes, s'ils n'ajoutoient pas quelque chose à la connoissance des mœurs turques. A chaque pas on a, dans ce pays, l'image de la mal-propreté la plus dégoûtante. Pour le croire, il ne faut que savoir que leur religion ordonne aux Turcs la propreté. Ils ne manqueront à aucune des ablutions prescrites par la loi, mais ils vivront au milieu des immondices, respirant les miasmes de peste dont il ne faut pas chercher la cause ailleurs que dans leur épouvantable négligence. Mais ils feroient du port de Constantinople la sentine de cette ville immense, si la nature n'avoit pas établi, des deux côtés, des courans opposés et rapides, qui purifient à eux seuls, et empêchent en même temps de se combler le plus beau port de l'univers.

LETTRE XXIX.

A L'ENTRÉE de presque toutes les villes, on trouve de vastes cimetières, qui ne ressemblent à ceux de Constantinople que par la beauté de la situation autant qu'il est possible : de loin, ils offrent l'aspect d'une ville détruite ; quand on s'en approche, toutes ces pierres tumulaires se trouvent diversifiées de mille façons étranges. Les Turcs, à qui leur religion défend de peindre ou de sculpter toute espèce de figures d'hommes ou d'animaux, taillent les pierres sépulcrales dans toutes les formes. C'est une colonne à moitié enterrée, qui porte une coiffure de janissaire, ou bien c'est un turban qui sort à peine de terre, mais si singulièrement, qu'il a plutôt l'air d'un champignon ou de ces plantes grostesques, dont la plume ingénue des naturalistes peut seule innocemment indiquer la ressemblance.

Les flèches hardies et isolées des plus beaux minarets de la Turquie, annoncent, à cinq ou six lieues de distance, la ville d'Andrinople et la mosquée superbe de Sélim II. On dit que c'est la plus belle après Sainte-Sophie : il y en a, d'ailleurs, plus de deux cents à Andrinople. Toute belle qu'elle est, la mosquée de Sélim laisse regretter les antiquités qu'on a enfouies pour lui servir de fondemens. Elle est précédée d'une cour extrêmement vaste, autour de laquelle règnent de beaux portiques soutenus par des colonnes de verd antique, d'une hauteur et d'une grosseur admirables. Dans le milieu de la cour est une fontaine de marbre, et sous le portique qui conduit à la mosquée, quatre magnifiques colonnes de granit. Je comptois voir l'intérieur de la mosquée ; mais j'y fus un vendredi, et on nous éconduisit sans cérémonie. J'envoyai au diable, de bon cœur, les imans, les croyans et le prophète. Je ne me suis consolé de ne pas avoir vu l'intérieur de la mosquée, que quand j'ai appris, par celles de Constantinople, qu'elles se ressembloient toutes.

Andrinople est sur l'Hèbre, qui offre, dans ses environs, les plus agréables paysages. Nous y fûmes conduits par des négo-

cians français, qui nous firent mille honnê-
tetés : ils s'embarrassent peu, d'ailleurs, si
l'Hèbre a roulé la tête d'Orphée, et si les rivages répètent encore, Eurydice, Eurydice;
mais ils savent qu'il se jette dans la mer au
port d'Enos, qui est l'entrepôt de leur commerce. Les sultans ont été long-temps dans
l'usage de venir passer quelques mois de
l'année à Andrinople : la ville doit une partie de sa splendeur à leur présence; ses bé-
sestins, tout en pierres, sont aussi beaux
que ceux de Constantinople. Depuis quelque temps le grand-seigneur n'y vient plus :
son palais, qui est sur une hauteur, tombe
en ruines.

Au sortir d'Andrinople, une chaussée,
souvent rompue, par-tout mal pavée, inégale et étroite, annonce la route de Stombol.
On passe par Apsa, qui n'a rien de remarquable que d'être auprès de Démotica, d'où
Charles xii envoyoit sa botte au sénat de
Stockolm, Burgas, Silivria, qui est aux
bords de la mer; Ponte-Grande, Ponte-Pic-
colo; des campagnes sans culture, des plaines nues, où l'on apperçoit, de loin en loin,
quelques maisons entourées de murs, des

platanes, des cyprès semés çà et là, voilà
comme sont et comme doivent être les avenues de la principale résidence d'un peuple
aussi paresseux et aussi ignorant que dévas-
tateur.

LETTRE XXX.

Constantinople.

Ce pays-ci donne à l'Europe l'air de ces ouvrages d'acier, dont l'ouvrier a négligé de polir l'extrémité. L'ordre y est auprès du chaos; les élémens y passent en un jour du calme au bouleversement. Le temps y est aussi capricieux que le despote qui gouverne. Le peuple imite cette mer qu'il habite la moitié du jour, la moitié de l'année; tantôt aussi respectueux devant son maître que ces flots qui se courbent devant ses saïques dorées, tantôt plus furieux que ces vagues qui se brisent à la pointe du sérail, il passe de l'excès de la bassesse à l'excès de l'insolence; plus il rampoit, plus il exige; son maître lui jette la tête de son ministre ou de son favori, comme on jette des quartiers de chair aux lions de sa ménagerie.

Ici l'avant-coureur d'une catastrophe est une catastrophe elle-même. Il est une heure du matin. On ne parle que d'incendies; toute la ville est en proie aux menaces vagues de quelques scélérats que la terreur universelle fait oser, et l'impunité réussir. Toute la journée a été employée à transporter des effets précieux dans les maisons de pierre de Galata, plus à l'abri du danger que les maisons de bois qui forment les trois quarts de Constantinople et de ses fauxbourgs. J'écris dans l'attente pénible du gardien qui frappera sur les pavés avec son bâton en criant : *Yanguen var*, il y a grand feu, et m'avertira que le feu est mis pour la troisième fois depuis 24 heures. La nuit passée il étoit à Galata ; il y a huit jours, il brûloit à Constantinople le quartier des Grecs ; il avoit dévoré il y a quinze jours, une des parties du bésestin où se vendent les mousselines. La somme où se montoient les ravages, ne se calcule pas plus que le nombre des maisons abîmées dans un incendie, ou le nombre des soldats tués à la guerre. Pour des yeux qui pourroient se fixer sur un spectacle de calamités, il y auroit ici des détails aussi curieux qu'affligeans à voir. Les hommes sont comme la nature ; ils ont trop souvent de belles horreurs. Ce matin le feu étoit au sérail. Le sultan qui a toujours un cheval sellé dans ses écuries, pour se porter aux incendies, n'ose plus sortir de chez lui. Cette seconde cour, où personne n'ose entrer, il n'ose pas en sortir. Dans ce moment de mécontentement général, tout concourt à frapper de terreur le sultan et ses ministres. Des nuées d'Asiatiques qui marquent leur passage par des excès, dont le nom du prophète est l'excuse et le prétexte, traversent chaque jour Constantinople, apportant au visir, au nombre de plus de deux cent mille, leur indiscipline et leur fanatique intrépidité. Le jour critique où les janissaires reçoivent leur paie, n'est pas encore arrivé, et les poulets sacrés ne donnoient pas à Rome de plus sûrs présages (1).

La cause des mouvemens actuels est la guerre que Sélim est seul à vouloir dans son empire, et dont le peuple est las, parce qu'il met à un prix plus haut les alimens grossiers dont il se contente. Il faut venir en Turquie pour voir une nation qui concourt aussi bi-

---

(1) Le jour de leur paye, ils sont répandus dans les cours du sérail : s'ils ne prennent pas avec empressement le riz ou le pilaff qu'on leur distribue, il n'y a pas de plus certain avant-coureur d'un orage.

zarrement avec ses ennemis à se nuire elle-même. Je ne connoissois que ces enfans gâtés, toujours punis et récompensés mal à propos, qui se frappassent eux-mêmes pour effrayer leurs précepteurs. Aussi les Turcs sont-ils de grands enfans.

LETTRE XXXI.

LA ressemblance de passions, de goûts, de mœurs, de travers, d'habitudes ou de vices, donne à la plupart des peuples de l'Europe, une analogie morale entre eux. Ici, il faut perdre toute idée de comparaison : moral, physique, industrie, vertus, amour, préjugés, philosophie. Excepté pour ce que l'instinct physique leur inspire, les Turcs ne sont guère d'accord. Leur ignorance, dont une des causes est l'extrême difficulté de leur langue, les empêche de se rapprocher plus au moral. Je ne donnerai pas comme un trait commun qui les distingue des Européens, le profond mépris qu'ils montrent pour eux. Le plus ou moins de civilisation cache ou décèle ce travers universel à tous les peuples. Leur fanatisme et la différence de religion motivent cette aversion. Leur philosophie a souvent plus de raison que la nôtre. Il n'y a pas de peuple plus persuadé que rien n'est stable dans la vie. Ils ont la

devise d'Horace qu'ils n'ont jamais lu (1).
On ne voit point chez eux de ces planta-
tions, de ces établissemens qui annoncent
qu'on a songé à ses petits-fils. Les maisons
toutes en bois, sont bâties de manière à ne
pas plus coûter que durer. Pourquoi seroient - elles autrement? Pourquoi pense-
roient-ils au lendemain? Les grands apprennent à ne pas tenir à leurs têtes, en voyant
celles qu'on expose à la porte du sérail; et
la peste qui emporte très-souvent quatre
ou cinq mille morts par jour, prouve au
peuple qu'il auroit tort de tenir à la vie.
Leur philosophie, qui est le simple raison-
nement dégagé des idées fausses dont nos
préjugés l'obscurcissent, nous montre chez
les Turcs des vertus là où nous ne dévelop-
pons que des défauts. L'homme obscur que
son mérite même élèveroit, en Europe, au
faîte des grandeurs, jetteroit tous les voiles
possibles sur son origine. Le Baltagi qui devient testerdar ou caïmacan, est le premier

---

(1) Quid brevi fortes jaculemur ævo multa?
. . . . et spatio brevi
Spem longam reseces. . . . .

Ode xvi, lib. ii.

à parler de sa hache et du bois qu'il a fendu. Jousouf Pacha, visir aujourd'hui pour la seconde fois, ne se cache pas d'avoir été marchand de riz. Hassan Pacha, si heureux à Coron, si malheureux à Tchesmé, mais par-tout intrépide, par-tout l'égal de ses vainqueurs, Hassan qui avoit un ami (1) et un lion apprivoisé qui vivoit à ses pieds, comme un chien fidèle, ce même Hassan affectoit de répéter à l'ambassadeur de France, qu'il le prioit d'excuser son défaut d'éducation. Du visir au capidgi, les Turcs ne se croient pas déshonorés d'être *les fils de leurs œuvres*; et tout en pratiquant le mot d'Iphicrate, ils sont loin de savoir qu'il est l'ancêtre de ces Grecs qu'ils méprisent avec tant de raison.

Tout contraste ici, mais rien ne choque; tout est contradiction avec nos usages, pas toujours avec la raison (2).

---

(1) Un Turc accompagna, par attachement, Hassan Pacha dans sa campagne contre les Russes. A Tchesmé il se sauva à la nage avec lui.

(2) La variation de la température rend fort utiles les pelisses et les habillemens dont les Turcs se chargent et qui étonnent à la première vue. On a quelquefois dans

La religion et l'habitude sont deux barrières qui empêchent autant les Turcs d'avancer que de reculer. Je crois qu'on les accuse à tort d'avoir dégénéré. Les Turcs qui ont fait deux fois le siége de Vienne, ressembloient, à peu de chose près, aux Turcs qui ont été vainqueurs à Karensebès et vaincus à Martinesti. Les Turcs qui ont rendu Ismaël étoient aussi braves et aussi ignorans que ceux qui ont pris Rhodes. Ils sont à-peu-près au même point; ce sont les autres peuples qui ont fait des progrès.

Veut-on bien connoître les Turcs? les voici, je crois, bien différens de l'idée qu'on s'en est faite. Si l'on vouloit me passer cette expression, je dirois que c'est un peuple d'*antithèses*, braves et poltrons, bons et féroces, fermes et foibles, actifs et paresseux, pédérastes et dévots, sensuels et durs, recherchés et grossiers, une main sur des roses, et l'autre sur un chat mort depuis

------

le même jour les chaleurs de l'été et l'humidité des soirées d'automne.

Mais je n'ai pas encore trouvé comment un peuple qui passe sa vie à cheval, a adopté l'usage d'une coiffure lourde, haute et chaude, telle que le turban.

deux jours : et si je parle des grands de la cour, de l'armée, des provinces, je dirai hauts et bas, méfians et ingrats, fiers et rampans, généreux et fripons. Toutes ces qualités, bonnes et mauvaises, dont les secondes l'emportent sur les premières dans le gros de la nation, et qui dépendent des circonstances, sont couvertes par une croûte d'ignorance (1) et d'insensibilité, qui les empêche d'être malheureux. Ils ne parlent presque pas, mais répondent de la tête, des yeux, de la main qu'ils ne remuent jamais sans noblesse. La nature qui met dans les prairies de Kiathana le feuillage sérieux du cyprès à côté de la verdure tendre des gazons, semble communiquer aux Turcs quelque chose de la noblesse et de la gravité de son sourire. Les Turcs sont sensibles à la reconnoissance et aux bons traitemens. Ils tiennent dans toutes les circonstances de la vie constamment leur parole, d'autant plus,

---

(1) Cette ignorance n'empêche pas qu'ils n'aient des idées justes et claires sur les choses qui sont à leur portée. C'est un Turc qui, voyant un tournois à la cour de Charles VII, disoit que *si c'étoit tout de bon, ce n'étoit pas assez; et que si c'étoit un jeu, c'étoit trop.*

disent-ils, qu'ils ne savent pas écrire. Les Turcs tiennent un peu des Grecs et beaucoup des Romains. Ils ont les goûts des uns, car ils aiment comme eux, et les usages des autres : ils sont graves comme les Romains, et ne se donnent pas la peine de rire et de danser. Les uns et les autres ont des filles et des petits garçons qui s'amusent à prendre les attitudes les plus lascives. Les petits garçons sont un objet de faste. Indépendamment de ce goût *philosophique*, les Turcs trouvent agréable de ne voir en se réveillant que de jolies figures destinées à leur porter leur café, leur pipe, leur sorbet, leur bois d'aloës à brûler, leurs parfums d'ambre et leurs essences de rose (1). Ils se moqueroient de nous de ce qu'un vilain frotteur, ou un vieux domestique de confiance vient faire le feu et ouvrir nos rideaux. Ils sont sans cesse couchés comme les Romains qui, je n'en doute pas, avoient leurs divans comme eux, où ils mangeoient

---

(1) Cette idée-là me plaît autant que celle de Montagne, que son père éveilloit au bruit des instrumens ; ou celle de Des-Iveteaux qui se fit jouer une sarabande en mourant.

de même et oublioient toute la journée qu'ils avoient des jambes. Leurs tuniques et leurs pantoufles prouvent que ces deux nations n'aimoient pas la promenade. Ils ont même usurpé les préjugés des Romains, comme leur empire. Les Turcs craignent comme eux l'influence maligne des regards (1). Ils n'éloignent avec tant de soin les écuries du grand-seigneur, que par la même superstition qui faisoit dire à Virgile :

Nescio quis teneros oculus mihi fascinat agnos.

———————————————————

(1) Ils croient même que le premier regard est le plus dangereux ; de-là viennent ces œufs d'autruche, placés sous les toits des maisons turques, et faits pour le détourner, comme on a dans d'autres pays des conducteurs pour le tonnerre.

LETTRE XXXII.

LE plus beau soleil a commencé la plus belle des journées. Déjà la voix claire des muésins, montés sur les minarets, annonce qu'il va être midi. Les canons tonnent sur tous les vaisseaux, et les échos, répétant le son à l'infini, confondent à l'oreille cent coups de canon différens. Trois saïques dorées, armées de treize rangs de rameurs, sont parties de la pointe du sérail. Dans la première sont des officiers du sultan; la seconde porte un bostandgi agenouillé respectueusement devant la saïque impériale. L'or et la pourpre brillent sur le tandelet qui la distingue. Le bruit uniforme et cadencé de toutes ces rames levées à-la-fois, la rapidité avec laquelle elles fendent les flots; l'affluence, le silence, l'empressement de cette multitude vers le lieu où les saïques abordent, tout annonce Neptune prenant possession de l'empire des mers, ou le grand-seigneur allant un vendredi à la mosquée d'Éjub.

Un beau jour couvre le port de saïques.

Ces petites nefs, aussi élégantes que légères, aussi rapides que *jalouses*, sont conduites par les bateliers les plus adroits et les plus vigoureux qu'on puisse voir. On ne sait lequel admirer le plus, de la grace, de la promptitude ou de la force avec laquelle ils rompent ces courans continuels. Ce ne sont point ces efforts, ces grands mouvemens qui étonnent dans les rameurs maltois. Les bateliers turcs assis, le jarret tendu sur une traverse, remuent à peine le corps ; mais ils développent et ramènent comme des ailes d'oiseau, les énormes avirons qui se croisent sous leurs bras nerveux. Accoutumés dès l'enfance à ce pénible exercice, leurs muscles ont pris toute leur croissance sous leurs vêtemens larges et commodes. Au reste, un jeune Turc, malgré son ample habillement, a tout autant de grace et plus de noblesse qu'un jeune européen. Cette barbe donne aussi plus de fierté à l'âge viril, et plus de dignité à la vieillesse.

Un rapprochement, ce me semble assez piquant, c'est de songer que le batelier qui vous conduit aujourd'hui, sera peut-être grand-visir dans six mois. Ce qui est sûr, c'est que si vous le lui demandez, il répon-

dra : *inshallah*, Dieu le sait ; et ce qui l'est
pour le moins autant, c'est que sa fierté
n'augmenteroit pas plus que son mépris
pour vous : de ces deux côtés-là il n'a rien à
acquérir.

Que deviendroient, cependant, les nations de l'Europe, si un marchand de riz ou
de savon devenoit premier ministre, un batelier chancelier, et un laquais général d'armée ? L'ignorance universelle fait qu'il est
à-peu-près égal que les choix se fassent ainsi
ou autrement en Turquie. Pour gouverner
un pays pareil, la connoissance la plus es-
sentielle est celle des hommes . or, elle est de
tous les pays et de tous les états ; c'est une
science, mais il n'en faut pas pour l'acquérir. Ce qui est au moins aussi sûr, c'est que
si les Turcs étoient mieux nous serions plus
mal. Où prendroit-on un autre peuple, qui
eût une complaisance aussi passive de fermer les yeux sur ses ressources et sur sa position, pour nous en laisser profiter ? C'est
une belle idée sur le papier, que de voir les
Russes à Constantinople y rétablir l'empire
grec. Mais ceux qui forment de si beaux
plans, ignorent que les Grecs modernes sont
comme sont ces vins, dont il ne reste que la

lie; qu'ils n'ont conservé des Grecs anciens que les vices sur lesquels ils ont enchéri; qu'ils sont deux fois plus fanatiques que les Turcs, s'il est possible, et qu'ils seroient, par cette raison, mille fois plus cruels, s'ils devenoient, je ne dis pas maîtres, mais plus libres. Déjà notre commerce à Constantinople se ressent des établissemens des Russes en Crimée : il se trouve réduit à la consommation locale depuis que ce pays est en leur pouvoir. Desirons que le traité de commerce que nous devons à madame S... subsiste entre la Russie et la France, mais ne souhaitons pas de la voir à Constantinople, et croyons qu'il vaut beaucoup mieux que les Turcs y soient pour eux et pour nous.

LETTRE XXXIII.

JE ne connois pas de voyageur qui se soit tû sur les femmes turques. C'est ce dont on parle le plus et ce qu'on voit le moins. A Constantinople, la beauté est aussi précoce et aussi éphémère que les fleurs. On en voit dès le mois de mars ; mais le printemps est aussi court pour une femme que pour la rose et la renoncule. Les femmes sont aussi formées à treize ans, qu'elles le sont à dix-huit en France, et à vingt-cinq ans il y en a peu à qui on n'en donnât trente-six. On doit attribuer le peu de durée de leur fraîcheur au climat et aux bains chauds, à-peu-près les seuls qu'on connoisse à Constantinople. L'asservissement où sont les femmes, la vie monotone et sédentaire qu'elles mènent, le défaut de talens et d'éducation qui ne leur prêtent point les moyens de domination qu'en tirent les européennes ; voilà les garants de leur ennui et de leur peu d'empire. Quelle idée se forme-t-on ensuite des jouissances d'un Turc, au moral comme au physique? Le sultan, le visir, le capitan-pacha, le kislar-aga même, qui n'est sûrement pas le moins jaloux de tous en voyant ces vastes dortoirs, ces cellules d'où le moindre de leurs signes fait sortir toutes leurs esclaves, peut-il penser que « *le plus grand bonheur* » *que l'imagination puisse offrir à l'homme,* » *est la société d'un être dont l'ambition est* » *de lui plaire, la gloire de se défendre, le* » *bonheur de céder ; qui prétend à son estime* » *par ses combats et à son cœur par sa dé-* » *faite* »? (Cons. sur les mœurs.)

Jolies Françaises qui lisez dans vos romans les noms de sérail et de sultanes , croyez que la beauté n'a pas de plus bel empire que votre pays. Ce qu'on dérobe avec tant de soins à nos regards, doit la moitié de son prix à l'imagination.

Quidquid servatur cupimus magis , ipsaque furem
Cura vocat : pauci quod sinit alter amant.

OVID.

Mais ce Turc, les jambes croisées sur son divan, sa longue pipe de bois de jasmin à la bouche, qui vient d'appeler, en frappant des mains , ou une de ses femmes dans ses bras, ou une esclave pour lui donner ses babouches, est-il heureux ? Ce Turc, qui *achète l'amour tout fait* (1), sent-il le prix d'une préférence ?

Aussi les femmes ne sont pas ce que les Turcs aiment toujours. On dit que le sultan actuel aime mieux ses pages. Il n'y en a ni plus ni moins de sultanes dans le sérail. A la raison que la dignité de l'empire est intéressée à cette grande pluralité, se joint une raison politique particulière. A l'avènement du prince au trône, on brigue comme une faveur la permission d'offrir les esclaves qui doivent servir à ses plaisirs. C'est un des moyens des Turcs riches et ambitieux, que de placer au sérail une de leurs créatures. Elles sont reçues par le kislar-aga, espèce d'homme qui ne prendroit pas de droit pour faire entrer à l'opéra une danseuse.

On fait des contes sur les liaisons des femmes turques avec les européens. La preuve qu'on en a, c'est qu'on le dit, et la preuve qu'on en a peu, c'est qu'on le sait.

---

(1) Tout le monde sait cette réponse d'un ministre à son maître, qui lui demandoit *s'il faisoit l'amour.* Voyez *Helvétius.*

Mais il y a autant d'intrigues en Turquie
qu'ailleurs. Il est certain que la grande exé-
cution où Sélim III fit jeter une vingtaine
de filles à la mer, en 1790, avoit pour cause
le meurtre de la fille du kiaïa qu'on avoit
séduite et volée dans un bain public où on
l'avoit amenée : ces exécutions en masse
n'étonnent pas. Je passai un matin dans une
rue de Tophana ; je vis pendue à un auvent
de boutique, à trois ou quatre pieds de
terre, une espèce de souquenille brune ;
c'étoit un pendu tout habillé : il y en avoit,
d'auvent en auvent, une file de dix-huit. Je
crois que le propriétaire de la maison répond de ce qu'ils deviennent. D'ailleurs ils
le méritoient : c'étoient des Algériens qui
avoient assassiné leur capitaine de vaisseau :
ici le châtiment est souvent prompt, mais
toujours juste (1).

---

(1) Le prince R.... étoit ambassadeur à la Porte :
des janissaires insultèrent des Russes de sa suite : il
se plaignit au grand visir, je crois ; le ministre turc ne
fit qu'un geste *horizontal*; quelques minutes après on ap-
porta un sac, et sept têtes roulèrent aux pieds du prince.

LETTRE XXXIV.

Quand on regarde la situation de Constantinople, ce port qu'il renferme dans son sein, et qui lui-même renfermeroit presque les flottes du monde entier, cette position de l'Europe, à six cents pas de l'Asie, cette ville perpétuelle depuis le port jusqu'à la mer Noire, tous ces points de vue d'où la nature se montre tour-à-tour gaie, majestueuse, bienfaisante, sévère, prodigue, ou simple, ou recherchée, ou magnifique, on ne reproche au prince qui a transporté dans ces beaux lieux le siége de l'empire du monde, que de n'avoir pas consulté la politique. La ville qui commande à trois mers, qui voyoit à ses pieds l'Asie et appuyoit son sceptre sur l'Europe, occupoit la place digne de la capitale de l'univers. Mais le Tibre n'y couloit pas ; mais le moment où le respect des peuples commençoit à se perdre, n'étoit pas celui de le partager entre Bisance et Rome ; mais en fondant un nouvel empire, on en affoiblissoit deux.

Les monumens qui subsistent du séjour de tant d'empereurs, sont en petit nombre. Les mœurs du peuple qui a envahi cette ville célèbre, ont plus contribué que le temps à les anéantir. Un obélisque égyptien de granit rouge, une vaste citerne qui a été recomblée pour faire des filatures de soie, la fameuse Sainte-Sophie, la citerne de Philoxenos, la colonne de Marcian, la colonne Brûlée, le tombeau de Constantin, les restes de l'aqueduc de Justinien à Belgrade, voilà les antiquités qui ont échappé aux Turcs et au temps. Le fameux hippodrome a perdu jusqu'à son nom. Je ne le trouve point au milieu de l'atmeïdan environné de maisons turques grotesquement peintes, sans régularité comme sans noblesse, avec leurs toits avancés, leurs fenêtres grillées, leurs murs de bois si minces, aussi propres à appeler le froid que le chaud; aussi aisées à rebâtir qu'à brûler. Une mosquée le coupe par moitié. Je n'y rencontre que de lourds arabats, cages dorées dans lesquelles on transporte les femmes turques, aussi voilées que dans leurs maisons; que des eunuques, faisant piaffer de superbes chevaux qui foulent fièrement la terre dont leurs maîtres sont le rebut (1). Je cherche ces beaux édifices qui environnoient l'hippodrome, ces chars qu'on y faisoit voler, ce peuple qui partageoit si violemment ses suffrages entre les verds et les bleus.

Le port de Constantinople sépare la ville

----

(1) On dit que la rencontre des eunuques est plus fâcheuse pour les étrangers qui ont à craindre des avanies que celle des autres Turcs : c'est ainsi que le bec du dindon qui mutila Boileau dans son enfance, fut la cause peut-être immédiate de sa satire dixième.

Au reste, je ne suis pas étonné que la jalousie, l'ambition, la cupidité, et de nos jours le plaisir d'avoir de bons chanteurs, aient inventé, perpétué la mutilation, mais il est bien étrange que parmi des chrétiens un égarement religieux l'ait consacrée : le premier *canon* du concile de Nicée fait connoître que le zèle mal réglé de la pureté avoit porté plusieurs personnes à imiter Origène. Une secte entière, quoiqu'assez obscure, se distinguoit principalement par cette cruelle pratique. On les nommoit valésiens, ils étoient tous eunuques, et ne permettoient à leurs disciples de manger rien qui eût vie, jusqu'à ce qu'ils fussent au même état : ensuite ils leur permettoient tout comme étant en sûreté contre les tentations. Ils ne mutiloient pas seulement leurs disciples, mais leurs hôtes, et souvent malgré qu'ils en eussent. Il y en avoit à l'entrée de l'Arabie, au-delà du Jourdain. *Voyez* Hist. Ecclés. liv. II.

d'avec Galata, Péra et Tophana, qui en sont comme les fauxbourgs. On trouve à Tophana la fonderie de canons, *qu'on ne voit pas*, et *Kilidge ali pacha Dgiamini*, belle fontaine bâtie par le pacha de ce nom, qui étoit rénégat français et capitan-pacha. Au bas est une des *échelles* (1) où l'on s'embarque pour aller à Constantinople. Dans la rue qui conduit au sérail, est *Alaïe-Keuchk*: on appelle ainsi un kiosk grillé, d'où le grand-seigneur voit arriver les ambassadeurs. A *Yéré-batan-seraï* est l'entrée d'une grande citerne, appelée autrefois *Philoxmos*, dans laquelle on va en bateau; elle est soutenue par un nombre prodigieux de piliers. C'est une des antiquités les plus curieuses et les moins connues de la ville. A quelque distance, on se trouve sur la place du sérail : à gauche est Sainte-Sophie; à droite, une fort belle fontaine bâtie par *Abdul-Hamid*, et en face la principale porte du sérail. Elle ressemble, au pont-levis près, à l'entrée du

____

(1) Espèce d'échafaud qui avance dans la mer pour que le bâtiment ait plus d'eau : c'est, je crois, l'origina du mot *Echelles du Levant*.

château de Vincennes par le bois. A droite de la première cour sont les infirmeries, les boulangeries et les baltadgis ; à gauche est Sainte-Irène, dont on a changé l'église en arsenal, qu'on voit quelquefois en temps de paix. Sur la même ligne est la Monnoie : c'est le logis du *Tarap-Hané* (1), et celui du *Chehir-Encini* (2).

On entre dans la deuxième cour, par la porte d'*Orta-Kapoussi.* De part et d'autre de cette porte sont deux tours qui forment une saillie. Dans la première cour, près de ces tours est *dgillat odosse* (3), où l'on arrête les visirs lorsqu'on veut les mettre à mort, ou les exiler : ce qui explique l'expression *arréter entre les deux portes.* Il existe encore à cette porte le mortier et la poulie qui servoient à broyer le muphti et les ulemas. Les ulemas sont aussi les gens de loi, car la religion et la loi ont ici les mêmes organes. Le sérail occupe tout le terrein de l'ancienne Bysance.

Dans le milieu de la ville sont les beses-

---

(1) Intendant de la monnoie.
(2) Intendant des bâtimens.
(3) Chambre du bourreau.

tins, où l'on vend les mousselines, les drogues, les armes, les étoffes; chaque denrée a son besestin séparé. L'endroit où se moud le café est aussi curieux à voir, mais je crois que je n'en retrouverois pas le chemin. Il n'en est pas de même de la belle mosquée du sultan Achmet, qu'on voit sur l'atmeïdan. La citerne aux trois cents colonnes, appelée *bin-vebir-direg*, est près de-là, ainsi que la fameuse *porte ottomane*, c'est-à-dire le palais où demeurent le visir et les ministres.

A la pointe du sérail est le palais que le grand-seigneur occupe le printemps. En doublant la pointe on trouve *Sepetckiler-Kiosk*, ou Kiosk du rivage, dans lequel il donne à son capitan-pacha l'audience de congé, et des caffetans aux officiers à leur départ pour les expéditions de mer. *Rahtal pacha han*, *Yeni han*, *Valide han*, sont de grands bâtimens de pierre, refuges utiles dans les incendies. Il y a des marchands de toute espèce et de toute nation qui s'y établissent moyennant une certaine contribution (1). L'enceinte *Dosmanié Dgiamini* oc-

____

(1) Un médecin français qui sait le turc, et a eu

cupe le terrein de l'ancienne église de sainte
Hélène (1), ce qui fait prendre un superbe
bloc de porphyre pour le tombeau de Constantin. Il a dix pieds de long sur dix de
large (2); l'intérieur indique sa destination;
le couvercle s'en trouve à quelque distance,
et le hasard a fait découvrir l'assise de por-

---

pour moi toutes sortes d'attentions, me mena un matin
dans un de ces *hans*. Le négociant nous donna des pipes
et du café; et je profitai ensuite de la montre qu'il fit
de sa boutique à un vilain eunuque noir, qui vint et à
qui on donna à fumer une pipe *asiatique*; ce sont des
pipes élastiques, en cuir, dont le corps serpente dans
un grand bocal de cristal plein d'eau; l'extrémité supérieure où est le tabac et dessus le bois d'aloës, est posée
au haut du vase, l'inférieure se tient à la main; c'est
une manière de fumer à la glace. Le marchand lui témoi-
gnoit beaucoup de respect; il déploya devant lui des
chals des Indes, dont les moindres, dit-il, étoient de
douze cents livres. Il y en avoit de plus de mille écus.
Sur la natte jaune qui nous servoit de siége, il faisoit
rouler dans des œufs de buis, ou d'ivoire, de belles
émeraudes, des rubis, et des diamans qui n'étoient pas
montés.

(1) La mère de Constantin.

(2) Il est là, et il y restera par l'habitude où les
Turcs sont de l'y voir; car quoiqu'ils aiment l'argent.

phyre de même longueur, qui servoit de base à ce monument.

Auprès du quartier des selliers, où se vend tout ce qui tient aux babouches, est *Kestachi*, ou la pierre de la pucelle : c'est la colonne de Marcian. Ce morceau est encore debout et difficile à découvrir, parce qu'il est environné de maisons turques. La colonne *brûlée* est une colonne de porphyre d'au moins quarante pieds; le haut est en marbre, et étoit terminé par une statue de Constantin. Elle est placée au milieu du *forum*.

Au bout de la rue qui mène à Andrinople sont les casernes des janissaires, et

> La porte sacrée
> D'où les nouveaux sultans font leur première entrée.
>
> B A J A Z E T.

Yanguen - Kiosk est une tour d'où l'on découvre les deux tiers de Constantinople

---

M. de Choiseul leur a offert inutilement de l'acheter deux mille écus. Il vaut peut-être plus; mais ce n'est pas parce qu'ils le savent, que les Turcs ont refusé.

et des environs. Il y a une garde pour veiller et annoncer les incendies.

Le fanal est le quartier des Grecs. C'est là qu'habitent les princes grecs : c'est le centre des connoissances et le foyer des intrigues. C'est de-là que sortent les premiers interprètes de la Porte, les hospodars qui oppriment la Valachie et la Moldavie, avec la dureté des valets qui deviennent maîtres (1).

Sur la droite, au bout de Galata, sont l'arsenal, les magasins de bled, les casernes des gagliondgis, le *divan hane*, ou divan de la marine, les remises pour la conservation des bateaux du grand-seigneur, les magasins de bois pour la construction des vaisseaux, le chantier, l'école des mathématiques, fortifications et constructions navales, le bagne où sont les forçats; les remises des agrêts des vaisseaux, la corderie, la carène, et une école de marine : tous ces établissemens

---

(1) A Rome, que pouvoit-on comparer à l'insolence des affranchis. *Voyez* ce que l'histoire dit de Pallas : *Nominatis libertis ejus quos conscios haberet, respondit nihil unquàm se domi, nisi nutu aut manu significasse, vel si plura demonstranda essent scripto usum, ne vocem consociaret.* Tac. liv. XIII.

paient beaucoup de mine et de nom. A côté
on voit l'endroit où se fait l'opération du
prépuce aux néophytes; un beau kiosk du
grand-seigneur, le palais du capitan pacha,
celui de la sœur de Selim III, situé au milieu
de la demi-lune que forme le port, c'est-à-
dire dans la plus belle vue du monde; et en
revenant du côté de Constantinople, *Ejub
Dgiamini* où le sultan nouvellement appelé
au trône, vient ceindre le sabre. C'est un
pauvre derviche qui fait ordinairement
cette cérémonie.

Au fond du port est un petit vallon, au
milieu duquel une jolie rivière naît, coule
et va finir en se mêlant à la mer. La nature
a placé cette charmante solitude à côté du
tumulte, de la foule et du mouvement; vous
venez de quitter le port le plus vaste, le plus
vivant, le plus bruyant; les flots agités ba-
lottoient avec danger votre frêle saïque,
l'ame partage en un instant le calme de la
nature. On ne voit plus ni ville, ni palais,
ni vaisseaux, ni mer. L'esprit ne passe nulle
part aussi rapidement de l'agitation au repos.
Ce charmant vallon se nomme les eaux douces. Il ne ressemble en rien aux autres promenades des environs de Constantinople;

les frênes et les platanes l'ombragent beaucoup moins tristement que les cyprès qu'on
voit par-tout ailleurs. Près du canal est un
kiosk du sultan, et une vaste prairie où on
met les chevaux au printemps.

LETTRE XXXV.

On ne peut pas plus comparer les mosquées à nos églises, que la piété des Turcs
à celle des chrétiens. Toutes les approches
des temples ont cet air décent qui convient
aux lieux pleins de la présence du créateur
de l'univers. On ne voit ni tavernes, ni
vendeurs dans les vastes enceintes qui les
environnent. Sous un portique à l'entrée de
la mosquée, un Turc bien lavé dans la fontaine voisine, quitte respectueusement ses
babouches en venant faire sa prière. Des tapis souvent magnifiques, mais toujours propres, couvrent le pavé. La hardiesse des
voûtes, la beauté des colonnes pour la hauteur ou la matière, font toute la différence
d'une mosquée à une autre. Il n'y a point
de tableaux. Une espèce de chaire où se
place celui qui lit l'alcoran, est le seul ornement extérieur. Les musulmans sont toujours tournés vers l'orient. Cette noble simplicité, cette architecture uniforme, tout
l'ensemble de ces temples, me paroît ré-

pondre à l'idée d'un Dieu qui est par-tout et qu'on ne voit nulle part. Le Turc qui n'est ni déguisé, ni corrigé, ni perfectionné par la civilisation, en le comparant aux principales nations de l'Europe; le Turc qui a la bonne foi, la probité, l'orgueil, la colère, le fanatisme qu'il reçoit de la nature et de l'exemple, observe aussi avec la dernière superstition les moindres pratiques de sa religion. Pendant le ramadan, il ne boit ni ne mange d'un soleil à l'autre. Il ne fume pas, ce qui lui coûte au moins autant. Il ne respireroit même pas une rose.

Parmi leurs derviches, il y en a une espèce qu'on nomme *mewlials* ou tourneurs. Ils sont dans des espèces de couvens : un bonnet doré est peint sur la porte. La salle de leurs pieux exercices est comme un cirque. Les spectateurs sont autour; tout le monde entre. Les bras en croix ils pirouettent pendant trois quarts-d'heure sans reprendre haleine ; la force de leurs jarrets est inconcevable. Dans le milieu de la salle, hors de l'enceinte, est le supérieur, les mains croisées sur la poitrine. Chaque tourneur avance gravement, le salue en s'inclinant, et une espèce d'entrechat ouvre la walse. Pendant tout ce temps, une harmonie assez douce de quelques instrumens monotones, sur lesquels dominent un petit tambourin et un triangle, les guide et les soutient. On m'avoit prévenu de ne pas rire à un pareil spectacle : il m'a paru plus nouveau que ridicule. Je ne pense pas qu'il soit sage d'accorder si libéralement la pitié. Je n'ai pas ri à l'office des chartreux ; je n'aurois peut-être pas ri aux convulsionnaires.

La principale mosquée de Constantinople est Sainte-Sophie, ainsi nommée parce que Constantin la dédia à la Sagesse éternelle. C'est une masse de bâtimens qui a la forme d'une croix grecque comme toutes les mosquées auxquelles elle a servi de modèle. Son énorme solidité a été à l'épreuve de plusieurs tremblemens de terre. On ne voit guère l'intérieur de Sainte - Sophie que des galeries. Il faut un firman pour la voir d'enbas. L'effet doit être fort différent. Ces galeries, à-peu-près au milieu de la hauteur du temple, sont d'une largeur prodigieuse et d'une hardiesse étonnante ; leur voûte a travaillé dans quelques endroits. On ne peut juger des fameuses mosaïques de Sainte-Sophie que par quelques morceaux restés dans les

angles, et qui ont échappé à la fureur icono-
claste des Turcs. Leurs bizarres hiérogly-
phes y ont succédé. On se fait une idée de la
magnificence d'un temple qui renferme plus
de trois cents colonnes de verd antique que
deux hommes n'embrasseroient pas. Sa hauteur est incroyable. Elle est de cent quatre-
vingt-cinq pieds depuis le pavé jusqu'à la
corniche où commence le dôme qui lui-
même a au moins quarante ou cinquante
pieds, et le diamètre est de cinquante-quatre.
Tout le monde a pu voir cela; mais ce dont
personne n'a encore parlé et ce qu'on n'a pas
vérifié, c'est le problême de la construction
de ce dôme. On prétend qu'il est de pierres
ponces qui, pénétrées une fois par le ciment
qui les unissoit, ont fini par ne plus faire
qu'une croûte aussi solide que légère (1).

Suleïmanie, bâtie par Soliman second,
sultan Achmet, la Validé, sont les plus belles
des nombreuses mosquées qui embellissent

---

(1) J'ai vu en Sicile des voûtes à-peu-près de cette
manière. Ce sont des briques arrondies, comme des
goulots de bouteille, liées ensemble avec du ciment.
Il y a un reste de construction semblable, près de Syracuse.

Constantinople. Il y en a une superbe à Scutari, à une demi-lieue du port, nommée aussi
mosquée de la Validé, parce qu'une sultane
la fit construire du prix d'une de ses babouches. Mais la plus jolie est celle de la Fontaine, bâtie par sultan Mustapha, prédécesseur
d'Abdul-Hamid. Ce joli modèle donnera une
idée de ces sortes de temples. Elle tire son
nom d'une fontaine voisine qui, partagée en
douze canaux, fournit à autant de Turcs
les moyens de faire leurs ablutions. Le minaret le plus élégant invite à entrer dans
cette charmante miniature. Un escalier en
coquille, de cinquante-sept pieds, conduit
au bout de cent quinze marches qui ont à
peine dix-huit pouces de largeur, à la terrasse d'où le muésin appelle à la prière. On
domine de-là sur le port, sur le canal, sur
la mer de Marmara, sur les belles campagnes de l'Asie, sur l'île des princes, sur Chalcédoine, où s'est tenu un concile (1) de trois
cents évêques dans la plus petite des églises.

Au haut d'une vingtaine de degrés est un petit vestibule où on quitte sa première chaus-

____

(1) En 451, sous le pape Saint-Léon Ier, contre les
Eutichéens; ce fut le quatrième concile œcuménique.

sure. Deux galeries, l'une au-dessus de l'autre, règnent autour de cette rotonde éclairée
par en-haut. Il y a deux cercles de lampes
qui pendent du milieu de la voûte : une tri-
bune couverte d'un beau tapis, mène à une
lanterne où est le prie-dieu du sultan : c'est
un sofa. Elle est toute entourée de grillages
dorés ; les colonnes de marbre de toute espèce, des ornemens d'albâtre ou de bois précieux, les œufs d'autruche, des étoffes d'or
et de soie prodiguées dans ce petit boudoir,
y réalisent un rêve des mille et une nuits :
c'est une loge à l'opéra. Il y a un petit salon
à côté, et même des *lieux à la turque*. Les
murs sont couverts de marbre blanc. Je ne
voulois pas sortir de-là : un mouvement in-
volontaire vous reporte vers la créature,
dans un endroit où l'on adore si galamment
le créateur.

LETTRE XXXVI.

Scutari.

COMMENT un bras de mer d'un quart de
lieue a-t-il pu causer le changement que j'é-
prouve dans mes pensées? ou plutôt comment met-il une si grande différence entre
deux parties de l'univers si voisines et si
peu ressemblantes? Que la nature a fait un
partage inégal de ses bienfaits envers deux
enfans si rapprochés! quand je regarde l'Europe que je viens de quitter, et l'Asie que je
vois à mes pieds, mes yeux et mon esprit
sont frappés d'une admiration toute nouvelle. Les productions de la terre d'une végétation plus colossale et plus vigoureuse,
la multitude d'êtres qui couvrent encore
cette immense région, la célébrité des événemens dont elle a été le théâtre, tout ce qui
tient à l'Asie a reçu de la nature un caractère de grandeur. Lorsque du haut de cette
montagne Bugurlhu Daghi, ma vue s'étend
sur ces prairies couvertes de mûriers, de li-

las, de myrtes, de lauriers, d'arbres et d'arbustes de toute espèce, tapissées des gazons les plus verds où des touffes de fleurs blanches comme la neige, me présentent l'illusion de l'hiver au milieu du printemps ; lorsque ma vue s'étend sur ce fameux canal dont les bords embellis de maisons de plaisance, semblent plutôt ceux d'une rivière qui coule dans un vaste jardin, qu'une mer qui en réunit deux autres : ce ne sont point seulement des pays nouveaux qui se développent devant moi, ce sont les fastes de l'antiquité.

Je ne vois autour de moi que des monumens de la raison ou du génie, que de grandes actions ou de grands crimes. Voici la patrie des Zoroastre, des Moïse, de Jésus-Christ, de Mahomet : voici la terre classique des législateurs, des conquérans fameux, des illustres scélérats. Que sont les petites passions, les petits intérêts, les petites bourrasques qui agitent l'Europe, auprès de ces terribles tempêtes, de ces chocs monstrueux qui ont ébranlé et bouleversé l'Asie depuis le Bosphore jusqu'au Gange ? Six cents pas de mer ont rompu le fil que neuf cents lieues de terre n'avoient pas rompu, le fil qui me

tenoit à mon pays, à l'Europe, à mon siècle.
Je suis devenu. le contemporain des siècles
passés. C'est ici que s'est terminée cette fameuse retraite qui a autant immortalisé
Xénophon, que les dix mille Grecs qui
avoient osé l'entreprendre. Voilà le temple
qu'Erostrate a brûlé, Erostrate que tout
l'univers connoît, quand on ne sait pas
même le nom de l'inventeur de la boussole.
Là-bas est le Granique, sur les bords duquel
Alexandre donna la première secousse au
trône du grand roi. Voilà le mont Taurus,
qui sépare l'Asie mineure de la Cappadoce,
du Pont et de la Bithynie : je cherche l'om-
bre de Mithridate, mais je vois le tombeau
d'Annibal (1).

Où est l'idée noble et philosophique qui
élèvera, dans mon esprit, les siècles modernes à la grandeur des siècles passés ? Je la
trouve dans les magnifiques cimetières de
Constantinople et de Scutari.

Les sites les plus beaux, les plus étendus,
d'où l'on domine sur cette mer aussi vivante,
aussi habitée que ses bords, ne sont point
destinés ici à des palais ou à des jardins. L'om-

---

(1) Près de Chalcédoine.

bre sérieuse et toujours verte des majestueux cyprès, annonce qu'une habitude religieuse les a consacrés par-tout aux sépultures. Cette exposition, cette confusion mélancolique d'arbres, de tombes, de gazons, d'ombrages, loin de porter les yeux à se détourner, d'inspirer à l'ame un sentiment de répugnance, font des cimetières les promenades les plus fréquentées et les plus pittoresques. A chaque pas, un tableau nouveau parle à l'ame et l'attendrit. Dans les premiers jours du printemps, une femme inclinée, arrose la terre qu'elle a semée de fleurs : son air religieux, ému, décèle une mère qui vient pleurer sur le tombeau de sa fille. Ici deux Turcs, avec un soin superstitieux, plantent et assurent un jeune cyprès. Les vivans communiquent sans cesse avec les morts. Un cyprès, plein de sève et de verdure, naît des cendres de l'ami qu'on a pleuré : il ombrage, après sa mort, ceux qui viennent penser à lui.

La raison qui rend le cimetière de Scutari (1) aussi vaste, est peut-être digne de

___

(1) J'ajouterai que le sculpteur qui fait les tombes, a son établissement à Scutari au milieu du cimetière : c'est là que tous les rangs et toutes les tailles peuvent se remarque. La plupart des Turcs riches et puissans s'y font transporter de Constantinople, dans la persuasion où ils sont qu'on les chassera un jour d'Europe. M. de S.... avoit tort de démentir là - dessus M. de Volney.

Observateurs, méditez sur ce qui tient à l'Asie. Vous y admirerez de sublimes erreurs, et vous y retrouverez le fil des plus grandes vérités. C'est le sanctuaire de la vraie médecine de l'esprit et du corps. C'est dans cet antique berceau du monde que se sont conservés les principes les plus raisonnables de la philosophie, de la morale et de la médecine. On n'y pénètre pas le secret de la nature ; mais on y guérit les fièvres par l'attouchement ; on bénit les effets et l'on ignore les causes.

---

choisir d'avance *la robe d'hiver, robe d'été*, comme dit le Fabuliste français.

LETTRE XXXVII.

Selim III est neveu et successeur d'Abdul-Hamëd : c'est toujours le plus âgé des princes ottomans qui succède à l'empire. Les fils d'Abdul-Hamëd sont enfermés dans le même sérail où Selim a été lui-même jusqu'à son avénement au trône. Il est fils du sultan Mustapha. C'est un prince d'une trentaine d'années, aussi turbulent, aussi fier, aussi entêté que son oncle étoit tranquille. Il n'a pas tenu à lui qu'on ne le vît à la tête de ses armées, et ses ministres n'ont, à plusieurs reprises, ramené son caractère fougueux qu'en lui représentant les frais énormes de son déplacement. On l'a fait consentir plus difficilement à faire la paix.

Le mécontentement du peuple n'avoit d'autre cause que l'obstination de Selim à continuer la guerre, et si ses neveux avoient été plus âgés, peut-être auroit-il acheté sa tranquillité à leurs dépens; en s'en défaisant il fût resté seul. Il eût suivi en cela la politique ottomane. Intéressé quelquefois par sa sûreté, le sultan réunit sur lui seul le gage de l'obéissance des Turcs, qui est le dévoûment à la famille impériale, dont leur législateur a fait un point de religion. Il a donné de si cruelles preuves de sévérité, qu'il y a autant de danger à porter des babouches rouges et à vendre ou boire du vin (1), à dix lieues à la ronde de Constantinople, qu'il y en a pour les filles publiques à distraire à présent les maris turcs des devoirs conjugaux. Les revenus du sultan sont de quatre-vingts millions. Mais l'éventuel est incalculable.

Le grand-visir n'est guère que trois ans en place, il a huit millions de revenu ; mais il est tenu à une représentation fort dispendieuse. Il a une autorité absolue ; mais une intrigue née sur les marches du sérail fera tomber sa tête. C'est Damoclès sur le trône de Denys. Rien n'égale le danger de cette place, que l'ambition de s'y voir.

Le Kadileskier est le grand-juge. Il y en a deux, celui de Natolie et celui de Romélie.

---

(1) Je suis étonné que la cour ottomane, qui est si avide, n'ait pas l'idée de proscrire le vin comme le cardinal Mazarin proscrivoit les libelles faits contre lui.

Le Reis-effendi est le ministre des affaires étrangères.

Le Caïmacan est le lieutenant du visir et le gouverneur de Constantinople. Son autorité cesse au retour du visir, qui ne peut s'éloigner de la ville sans nommer un caïmacan. On pense bien qu'il ne choisit jamais le moins stupide, de peur de ne pas choisir le plus dévoué.

Les Capidgis bachis sont des chambellans qu'on charge des commissions secrettes. Il font aussi les fonctions d'inspecteurs des provinces, pour n'avoir pas toujours l'air de venir exprès.

Les Emirs ou descendans de Mahomet ne répondent point à l'idée que nous nous en faisons en Europe. Ils pouvoient autrefois avoir une existence plus flatteuse, mais leur nombre a nui au respect qu'on leur portoit. Une mousseline verte, qui entoure leur turban, est tout ce qui les distingue des autres Turcs. Cette mousseline et la forme du turban d'autres fois différencient les emplois et les rangs dans un pays où il y a le plus de distinctions de ce genre, et le moins de distinctions à l'œil du souverain.

Le bonnet des janissaires a une mousseline blanche; celui des derviches est fait en dé à coudre; celui des bostangis est rouge, et se termine arrondi comme un sac pendant derrière leur tête. Celui des confituriers et autres officiers du sérail est fait en cône.

Il n'y a rien de plus révéré chez les Turcs que l'étendard de Mahomet quand on le déploie : il est même dangereux d'assister à cette belle cérémonie, parce que les Turcs sont si fanatiques, qu'un seul mot d'un derviche suffiroit pour attirer à un Européen plus que du désagrément.

Après la culotte de Mahomet (1), le premier rang dans l'estime des Ottomans est dévolu à la marmite des janissaires. Ce seroient les timballes d'un de nos régimens de cavalerie. Les janissaires sont divisés en compagnies; et l'esprit de corps est aussi puissant chez les trente-six et les soixantedix que dans nos régimens français. Ils ne

____

(1) On prétend que

. . . . Cet étendard fatal,

Des extrêmes périls l'ordinaire signal,

N'est rien moins que le haut-de-chausses du prophète.

vont pas tous à l'armée. Lorsqu'un janissaire mérite la mort, ce n'est jamais un
Turc qui l'exécute, mais un Juif ordinairement qu'on oblige à se charger de cette
fonction.

LETTRE XXXVIII.

CES Turcs qui passent pour n'avoir pas le sens commun à la guerre, la font cependant avec une espèce de méthode : éparpillés pour que le feu de l'artillerie et des bataillons ne puisse pas être dirigé contre eux ; visant à merveille, et tirant toujours sur des objets réunis, cachant leurs manœuvres par cette tiraillerie ; cachés dans tous les ravins, les creux, sur les arbres, ou bien s'avançant au nombre de quarante ou cinquante avec un drapeau qu'ils courent placer en avant pour gagner du terrein ; faire tirer les premiers, genou en terre, les faire aller en arrière, recharger leurs armes, et se seconder ainsi sans cesse jusqu'à ce qu'ils courent porter leur tourbillon et leur drapeau en avant ; telle est leur méthode imperturbable. Une espèce d'alignement de ces drapeaux, pour qu'aucune tête de ces petites troupes n'en couvre pas une autre : des hurlemens affreux et des cris de *allah !* encourageant les musulmans, effraient les chrétiens, et des têtes coupées ajoutées à cela, font, à ce qu'il me semble, un effet plus effrayant encore(1).

Je voudrois qu'on prévînt les troupes des hurlemens de ces soldats et de leurs caracoles inutiles pour nous et nuisibles pour eux. Avec cette précaution, que je crois importante, on peut se laisser entourer et regarder le nuage de saphis passant par les intervalles comme un essaim de guêpes qui bourdonnent autour de nous. Cela ne sert qu'à fatiguer leurs chevaux, et après leur avoir laissé faire le nuage, leurs courbettes, leurs sauts, leurs lançades, leur espèce de manège et de croupe au mur, ils ne sont plus en état de résister à une attaque. C'est ainsi que les Turcs estropient tous leurs chevaux, et qu'au bout de deux heures ils sont sur les dents. C'est aux hussards à les exciter à cela en les agaçant. En général je crois qu'il ne seroit pas mauvais d'attaquer l'infanterie ; les janissaires chargent si lentement, qu'ils n'auroient pas le temps de faire une seconde décharge. Quand même

---

(1) Il est remarquable que les Bosniaques qui font partie de l'armée turque, ont pour cri, lorsqu'ils chargent l'ennemi, *néboïsse*, qui signifie *n'ayez pas peur*.

les saphis trouveroient des fantassins blessés, fatigués ou en désordre, dispersés dans
une plaine, quatre ou cinq n'ont qu'à se
réunir, se mettre dos à dos, présenter la
baïonnette, il est impossible qu'ils soient
sabrés. Il faut, vis-à-vis de toutes les troupes du monde, conserver sa tête, mais surtout vis-à-vis de ces gens-ci : car si on la
perd au moral, c'est alors qu'on la perd au
physique. Tout ce qu'on dit de leur opium
et de la fureur qu'il inspire, est un conte.
Le fier ottoman, dont le costume et la mine
sont, à la vérité, plus respectables que l'air
gêné et souvent le mauvais visage des chrétiens, est l'ennemi le plus dangereux et le
plus méprisable qu'il y ait au monde. Il est
l'un si on se laisse attaquer, et l'autre si on
le prévient : n'importe où, sur les hauteurs
les plus dominantes, dans les bois les plus
fourrés, ils y ont l'avantage jusqu'à présent,
parce qu'ils y courent avec confiance, sachant
que nous n'en avons pas en nous-mêmes
dans des gîtes pareils. Le grand art dans une
guerre comme celle-là, est d'étonner et de
frapper des coups inattendus.

Ce qui fait que nous voyons souvent de
grands traits de courage chez les Turcs, c'est

qu'ils ne se battent jamais sans en avoir envie : ce n'est qu'en bonne santé, en bonne humeur, et souvent après avoir pris leur café, qu'ils prennent leurs armes pour aller au combat : le musulman attend souvent même un beau jour et un beau soleil. Nos militaires ne sont pas consultés sur l'état de leur digestion ; mais cela fait aussi que la moitié des armées des infidèles ne se trouve pas à la bataille, dont le sort dépend toujours des premiers *bravi*, qui, quand ils sont dégoûtés, dégoûtent tous les autres.

Leur artillerie, dans les siéges, est servie par les premiers qui se lèvent et vont faire leur coup de canon pour s'amuser. L'instinct des Turcs, qui vaut souvent mieux que l'esprit des chrétiens, les rend adroits et capables de faire tous les métiers à la guerre ; mais ils n'ont que la première réflexion ; ils ne sont pas susceptibles de la seconde ; et après avoir dépensé leur moment de bon sens, assez juste, assez adroit, ils tiennent du fou et de l'enfant. J'en ai examiné la cause : c'est, je crois, l'usage immodéré et continu d'un café épais, et un nuage de fumée de tabac où ils sont toujours.

Ils ont, comme le gibier, les mêmes passages et les mêmes refuites. Quand ils ont été postés deux heures dans un endroit, on le reconnoît comme on reconnoît le gîte du lièvre.

L'établissement d'un Turc à cheval est complet. Nos chevaux d'escadrons se trouveroient assez chargés de la selle, de la housse et du harnois; un cheval turc porte un ménage tout entier. Sans parler du mobilier qu'un cavalier porte dans ses énormes vêtemens, il traîne avec lui un sabre, un yatagan, un poignard, des pistolets, une carabine, quelquefois une zagaïe sous sa cuisse, un fourniment pour ses munitions de guerre, un étui pour ses pipes et un sac à tabac : aussi je ne m'étonne pas qu'un M.... de W.... soit venu de Marseille, leur proposer de joindre à leur équipage militaire un petit sac de pilules (1), ni qu'il ait remporté, au bout de deux jours, son plan et sa bonne volonté.

______

(1) La vertu de ces pilules devoit conduire aux portes de Vienne la cavalerie turque sans qu'elle eût besoin de fourrages : leur seul défaut étoit, selon l'auteur, d'échauffer un peu les chevaux. Ce projet a été mis avec les mille et un projets insensés qu'on propose tous les jours à ces Turcs qu'on croit plus bêtes qu'ils ne sont, et qui sont plus bêtes qu'on ne croit.

Voilà les Turcs de Focsiani, de Karansebès et de Calafate : voici ceux de Belgrade.

Au siége de cette place, la suspension d'armes dont on étoit convenu avec le gouverneur n'étant pas respectée du côté des Turcs,
un général autrichien en fit ses plaintes à un
aga, dont voici la réponse :

« Je te salue, voisin Terchitz : tu me parles
» d'une espèce de suspension d'armes ; je ne
» veux pas en entendre parler. Tu me dis
» que le pacha de Belgrade a donné ses or-
» dres pour cela ; je ne veux pas savoir ce
» qu'il ordonne. Tu me proposes tes servi-
» ces, tes dons, tes secours : apprends que
» mon sublime empereur ne me laisse man-
» quer de rien. Je n'ai besoin que de boire
» ton sang et que tu boives le mien. Tu me
» dis que je dois te croire : apprends que je
» ne te crois pas, parce que dans ce temps-ci
» on ne doit croire personne. Adieu, voisin
» Terchitz ».

Voilà le Turc en campagne ; voyez-le
dans une ville prise.

« Enfin nous voici dans ce rempart de
» l'orient, dont nous n'avons pas ouvert les
» portes, comme l'aurore, avec des doigts de
» rose, mais avec des doigts de fer. La har-

» diesse et la promptitude du passage de la
» Save, la rapidité de la marche et de l'en-
» trée dans les lignes du prince Eugène, l'au-
» dace de la reconnoissance jusqu'à la palis-
» sade de soixante-dix toises, l'électricité
» communiquée pour la vîtesse à exécuter
» ce que le maréchal Laudhon venoit d'ima-
» giner; tout cela est digne de son plus beau
» temps, le résultat de son puissant génie, et
» la production d'une quinzaine de jours. Il
» démontoit les têtes; moi je démontois les
» canons. Il a attaqué Belgrade sur la rive
» droite de la Save, et moi sur la rive gau-
» che, où j'étois l'aigle de ce Jupiter dont je
» portois la foudre. Je voyois avec un grand
» plaisir militaire et une grande peine phi-
» losophique, s'élever en l'air douze mille
» globes de feu, que j'ai fait lancer sur ces
» pauvres Turcs dont j'entendois les cris
» d'effroi; car ceux des blessés étoient étouf-
» fés par la brûlure et la mort. Arrêtons ces
» objets d'horreur; j'ai assez parlé au colonel
» de dragons (1) : je retourne au grand-prê-
» tre du temple de la paix ».

____

(1) Cette relation est adressée au comte de S... ambassadeur de France à Pétersbourg.

Quelle source de réflexions! à peine ce mot *capitulation* a-t-il été prononcé que dix mille vaincus ont été mêlés avec autant de vainqueurs. La douceur prit la place de la ferocité; la bonne-foi, de la ruse guerrière. On prenoit du café, on vendoit, on achetoit. Le Turc, loyal dans ses marchés, livroit ses effets précieux cachés dans ses casemates. Philosophes sans le savoir, les riches possesseurs fumoient sur les débris de leurs maisons. Osman Pacha, le sot gouverneur de Belgrade, fumoit au milieu de sa cour, rangée en cérémonie, comme s'il commandoit encore et comme s'il n'attendoit pas un capidgi bachi (1) qui dût lui demander, de la part du sultan Selim, ce qu'il n'avoit pas : car il avoit perdu la tête au premier coup de canon. Si la vue étoit réjouie de la beauté du coup-d'œil des riches couleurs tranchantes des janissaires, de leurs turbans, de leurs superbes armes, de leurs chevaux fiers comme eux, malgré leur malheur, de toutes les rives du Danube,

______

(1) Quand un pacha accepte le commandement d'une place, il promet sur sa tête de la défendre tant de mois.

bordées de ces figures pittoresques ; de l'autre l'ame étoit bien affligée de voir remonter les cadavres du jour et de tout le siège, qui n'avoient pas pu être plus enterrés que les bœufs, les moutons et les chevaux. On sentoit par-tout le mort, le brûlé, l'essence de roses.

Quel fanatisme de bravoure que celui qui fit sortir d'Ocsakoff sept bravi, et les fit fondre sur un régiment entier qui les reçut au bout de ses baïonnettes !

On força les officiers allemands, en 1787, de prendre des manteaux comme leurs soldats ; parce que les Turcs, qui avoient appris à les distinguer, s'attachoient trois ou quatre à un officier, contens de mourir pourvu qu'ils le tuassent.

Les Turcs n'ont pas, sur mer, plus de science ni moins d'intrépidité que sur terre. Lépante et Tchesmé en font foi. Leurs vaisseaux sont immenses ; mais la plupart sont d'un âge et d'un poids qui gênent leurs mouvemens. Ce sont des citadelles hérissées de canons, aussi inégaux entre eux que leurs boulets en calibre. Sur quarante gros vaisseaux qu'ils ont dans la mer Noire, il n'y a pas la moitié des équipages nécessaires. La meilleure partie de leur flotte est la division algérienne, que la piraterie accoutume à la mer et aux combats. On sera d'abord étonné qu'avec des forces pareilles les Turcs ne viennent pas seulement à bout d'exterminer les corsaires russes qui infestent l'Archipel. Les commandans courroient un risque à-peu-près égal à les battre et à être battus. On leur demanderoit au retour ce qu'ils ont fait des trésors qu'un corsaire doit avoir; il en coûteroit au moins la moitié de sa fortune à celui qui vaincroit Lambros, quoiqu'on ne doute pas qu'on n'y gagneroit que ses canons et son sabre. Cet implacable ennemi des Turcs est à la solde de la Russie, et à la tête de ces montagnards macédoniens qui se souviennent de la valeur de leurs ancêtres. On parle encore dans l'Archipel du terrible combat qu'il livra à des caravalles turques, entre Mételin et Stalimène, en 1790.

LETTRE XXXIX.

C'EST à Péra que sont les palais des ambassadeurs chrétiens. A tous les costumes différens qu'on y rencontre, turcs, arméniens, juifs, polonais, suédois, français, on prendroit Péra pour un fauxbourg de la métropole du monde. Mais quand on est entré deux fois dans ses maisons ou ses palais, on y voit l'étiquette de Vienne, le commérage d'une ville de province et l'ennui de la place royale. Il y a quelques jolies femmes et quelques gens d'esprit, puisqu'on les compte. Le séjour en seroit supportable, si l'on mettoit à vivre agréablement le soin qu'on met à faire marcher ensemble l'étiquette et l'ennui.

Le palais de Suède est occupé par le chevalier H..... il a une jolie femme et est fort instruit; il s'occupoit beaucoup de magnétisme.

Le comte Ludolf, beau-frère du comte de Saint-Priest, est ministre de Naples. Il est instruit, d'un esprit sage, plutôt solide que brillant. Sa représentation, d'ailleurs, n'est guère plus pénible qu'importante.

L'ambassadeur de Venise est un fort bon petit homme; il est du pays, et peut-être de la famille du sénateur *Poco Curante*. Sa tranquillité fut troublée il y a un mois, par l'indiscrétion d'un vaisseau vénitien. Chaque bâtiment qui arrive à Constantinople fait trois salves à la pointe du sérail. Celui-là *tira sa révérence* à boulets : ce fut sans doute par négligence; mais le *Sepetchiler kiosk* n'en fut pas moins endommagé : Selim se mit dans une colère de sultan. On eut beaucoup de peine à lui faire prendre cela pour une politesse.

L'envoyé de Pologne est le comte P...... Il ne craint que l'eau, le feu et les chevaux; voilà une vocation bien décidée pour les ministères de paix; mais sa place n'est pas à Constantinople. Il a d'ailleurs cent ducats de *taïm* (1) en faveur de la nouvelle alliance.

Il faut avoir autant de ressources dans

---

(1) Pendant les six premiers mois de résidence, les Turcs sont dans l'usage de donner un taïm , c'est-à-dire, un traitement de tant par jour aux envoyés des puissances limitrophes.

l'esprit qu'en a M. de Ch....., pour tenir à
une résidence de dix ans à Constantinople.
La France lui a une double obligation, et
pour la manière dont il y soutient les intérêts de son pays, et pour les connoissances
littéraires, qu'il étend par ses recherches (1).

---

(1) Par ses recherches littéraires et géographiques
sur la Troade, M. de Ch... a placé Homère dans un
jour et une admiration nouvelle. On ne voyoit en lui
que le premier des poètes, et ce seul mérite l'immor-
talisoit depuis deux mille ans; personne n'avoit trouvé
le naturaliste, le géographe, l'historien le plus exact.
Il avoit empreint sur ses héros et sur le théâtre de leurs
exploits les signes éternels qui devoient les faire reconnoître. Il appartenoit à celui qui avoit consacré depuis
vingt ans, ses travaux et ses richesses à arracher au
temps et à la terre les restes de l'antiquité, de surpren-
dre à Homère lui-même le secret d'Homère. C'est en
dépouillant l'Iliade des ornemens de la poésie et de
l'éloquence que M. de Ch.... a trouvé le fil qui l'a
conduit aux vraies sources du Xanthe et du Simoïs, incertaines jusqu'alors, aux anciens remparts d'Ilion, au
tombeau d'Ajax, à celui d'Achille, à celui d'Hector, que
sa construction particularisée ne permet pas de mécon-
noître. Il n'y a pas jusqu'à cet antique figuier qui a vu
de si grandes choses pendant la guerre de Troye, qui n'a
pas pu demeurer dans *l'état obscur où les dieux l'ont caché*. Le bon M. Guis, en vrai provençal, est arrivé tout

Elles ne sont point infructueuses. Aussi ne trouve-t-on dans son palais que des antiques, des bas-reliefs, des statues et des inscriptions.

---

exprès sur *campos ubi Troja fuit* pour vérifier sa généalogie illustre. Sa vieillesse ne l'a pas sauvé de l'immortalité.

LETTRE XL.

GALATA est un autre fauxbourg de Constantinople, en quelque façon. Il est entouré de murs, et étoit autrefois une forteresse que les Génois avoient bâtie et possédée dans le temps de l'empire grec. Galata ne se rendit même qu'après la ville, et c'est pour célébrer la mémoire de cette conquête, que les Turcs, un peu gens d'habitude, font, depuis 1453, entendre dans la tour de Galata un vilain petit concert tous les jours à la même heure.

C'est à Galata que demeurent les négocians. Le commerce que les Français font à Constantinople est considérable, quoique borné à la consommation locale, à-peu-près depuis que la Crimée est au pouvoir des Russes; il consiste essentiellement en draps de Languedoc, en dorures, en étoffes de Lyon, café, sucre, indigo, cochenille, papier, drogueries, horlogerie, clincailleries. Ce commerce est dangereux et de longue haleine. Il ne se fait pas en troc comme à Smirne et à

Alep. On est forcé à y vendre pour plusieurs mois de terme. Les acheteurs ne paient jamais aux échéances. Si on leur fait un crédit de soixante jours, ils en laissent ordinairement écouler vingt ou trente de plus, avant de donner un premier à-compte : ce n'est qu'au bout d'un autre délai plus ou moins long, qu'ils en donnent un second. Ils continuent sur le même pied jusqu'à liquidation de leur créance ; en sorte qu'une vente faite pour soixante jours, quelque peine que prenne le vendeur, n'est pas souvent soldée avant six ou huit mois. On conçoit combien cet abus dans les paiemens, expose le vendeur à des pertes et faillites, dans un gouvernement despotique où la fortune des sujets n'est pas à l'abri de l'avidité et des caprices des gens en place. Cependant au moyen d'un escompte très-fort, on parvient quelquefois à vendre comptant ; mais cet escompte dévore une partie du bénéfice, et ce prétendu comptant est ordinairement réduit aux deux tiers du prix de la vente. Quant au restant, on est encore exposé à des longueurs et à des pertes. On trouvera cette manière de payer bien révoltante, sur-tout si je dis que les Français, de même que les autres Européens, sont dans la nécessité d'acquitter en espèces sonnantes, souvent même avant la livraison, le montant des marchandises qu'il leur convient d'acheter pour renvoyer leurs fonds. Quelques laines de mince qualité, de la cire jaune, des peaux de lièvre, de l'orpiment, du bois de buis, forment à-peu-près la totalité des marchandises propres pour la France, qu'on peut se procurer à Constantinople. Comme elles ne s'y trouvent pas en grande quantité, et qu'elles sont de peu de valeur, relativement au produit des ventes, que d'ailleurs elles n'offrent pas toujours un retour avantageux, les Français sont obligés de recourir à d'autres Echelles pour la solde de leurs retraits, ou de renvoyer l'excédent de leurs fonds en lettres-de-change sur la chrétienté. Les *baraths* (1) mettent encore une grande gêne dans le commerce : chaque ministre en a un certain nombre qu'il vend jusqu'à huit cents piastres; quelquefois le barataire jouit des priviléges des francs. A sa mort, le barath rentre au ministre. Une lettre-de-change à un barataire est acceptée,

____

(1) **Droit de protection.**

par écrit ; celle acceptée par un Turc l'est verbalement. Si à l'échéance il refuse d'acquitter, il n'en est que cela : s'il donne des marchandises à crédit, ce qui est fort rare, il faut payer juste à l'échéance, ou tous les dépens sont aux frais du négociant en retard. Cependant, malgré les avaries, les retards, les entraves, les risques, la balance est encore à notre avantage.

LETTRE XLI.

Sur les Russes.

JE dois aussi parler de ces Russes dont on parle tant dans les pays que je viens de parcourir. Chacun les voit ou veut les faire voir selon son intérêt : ils sont exaltés, haïs, craints ou jalousés ; je ne les ai vu aimés nulle part.

L'état de la Russie est plus brillant que solide. Dans un pays où, après Moscow, Novogorod et Archangel, on ne trouve que des cabanes pendant sept à huit cents lieues, je sais que Pierre 1er a eu des flottes, des palais et des académies. Je sais que Catherine achète au poids de l'or ; qu'elle emploie toujours et qu'elle ne jette jamais tous les chef-d'œuvres des sciences et des arts, et jusqu'à la bibliothèque de Voltaire, à la honte de mon pays. Mais Pierre 1er régnoit à Sparte et à Boly-Babylone : mais en introduisant dans son pays ces arts utiles, il y a introduit aussi ceux de luxe et de pur agrément ; mais en s'élevant à la perfection des autres nations de l'Europe, où son génie le portoit, il n'a pas regardé si son peuple le suivoit, ou plutôt s'il pouvoit le suivre (1).

Le Czar a fait venir le luxe et les arts sur les glaçons de la Newa, comme on fait venir les arbres des pays chauds à *Czarceslow* et à *l'Hermitage*. Aussi voit-on la magnificence la plus effrénée sur une étendue de peut-être dix lieues de pays, et le dénuement, la famine, la solitude depuis Moscow jusqu'à Tobolsk, depuis l'Ukraine jusqu'au Kamschatka. Aussi voit-on dans l'armée russe, le contraste du faste asiatique chez les chefs, et de la frugalité, de l'austérité, de la discipline spartiates chez les soldats. Alcibiade auroit dit des Russes ce qu'il disoit des Spartiates : *Je crois bien à leur bravoure ; à la dureté de la vie qu'ils mènent, ils doivent être pressés d'en sortir.* Deux tonneaux de gruau et vingt livres à-peu-près par an, paient un soldat russe ; aussi une armée coûte-t-elle la moitié moins à la Czarine qu'aux autres souverains de l'Europe. Les paysans appartiennent aux

_____

(1) *Voyez* ce que J. J. Rousseau dit des Russes, Contrat social, chapitre 8, *du peuple.*

seigneurs : un homme vaut cinq roubles l'un portant l'autre ; il ne peut quitter la terre où il est attaché, sans en acheter et en renouveler tous les ans la permission : aussi l'impératrice répondoit-elle à Did..., étonné de la malpropreté des paysans russes : *Pourquoi auroient-ils soin d'un corps qui n'est pas à eux ?*

Quand un ukaze met sur pied cent cinquante mille hommes, cette charge ne porte que sur les seigneurs. Les revenus sont de deux cents millions. L'apparente prodigalité de l'impératrice ne contredit pas cette assertion, parce qu'elle ne donne jamais qu'à propos, et que l'économie de ses autres dépenses fournit à sa générosité.

Les Russes ne peuvent que perdre en s'éclairant. Quelle est la force de la Russie ? c'est ce dévouement absolu de ses soldats, c'est ce courage aveugle d'un esclave, qui craint moins la mort que son maître. En voulez-vous la preuve ? Jetez les yeux sur l'officier russe : témoin du luxe et des plaisirs qui sont plus rapprochés de lui, il voit la mort sous un autre aspect que son soldat. Corrompu par l'exemple, il prend les vices des grands, auxquels il porte envie ; il ne lu reste pas même ce fantôme de point d'honneur, que l'amour-propre fait naître dans les monarchies, comme la nature fait naître le patriotisme dans les républiques.

Le législateur de la Russie y a transplanté les vices des vieilles nations de l'Europe, ainsi que leurs pratiques utiles : mais les vices, plus séduisans, se sont autrement développés. Voilà ce que les Russes ont gagné à leur prétendue civilisation : ignorans et farouches avant le dernier siècle, leur férocité les faisoit quelquefois connoître de leurs voisins, quand elle n'avoit pas pu se perdre dans les vastes déserts qui les en séparoient. Depuis qu'ils ont commencé à être comptés pour quelque chose dans le système politique, la fausseté est si bien devenue le caractère national, qu'elle a passé en proverbe. Cette supériorité, avouée par les nations qui se piquent toutes de cette prétendue vertu politique, prouve, à-la-fois, la disposition et la mal-adresse des Russes. Les Russes sont faux, différens en cela des Polonais, qui sont menteurs, mais de la meilleure foi du monde ; qui aiment aussi peu la vérité, qu'ils aiment la magnificence ; et n'y a-t-il pas quelque analogie, entre en imposer aux yeux et en imposer à l'esprit ? Leur domination est dure, comme doit l'être celle d'un peuple pour qui la prospérité est nouvelle ; leur protection est outrageante : si on les suit en Pologne, on verra le spectacle recommencer à Warsovie, en présence du roi, pour le prince R..., ambassadeur de Russie.

Ils sont aussi féroces que les Turcs ; les trois quarts de leur armée sont également indisciplinés. La Pologne se souviendra aussi long-temps des cosaques et des badjiocks, que le bannat des janissaires et des spahis. La même lèpre d'ignorance, de superstition et de fanatisme, caractère universel de la religion grecque, est répandue sur le Russe comme sur le Turc. Cette animosité religieuse, cette croyance en la prédestination, commune aux deux peuples, assurent aux ottomans des ennemis aussi implacables que redoutés. Mais le Russe est aussi esclave de ses prêtres que de son souverain ; et l'impératrice, à qui toute sa cour vient baiser la main le dimanche, se garderoit bien de ne pas baiser celle du patriarche. Les Russes ont le génie de la piraterie ; mais il faut mieux, pour avoir celui du commerce ; aussi ont-ils des corsaires et point de négocians.

Je n'ai pas plus de confiance dans la fortune publique de la Russie, pour avoir lu de la main de l'impératrice même : *Des gens qui connoissent l'état de mes finances mieux que moi, assurent que je suis ruinée, parce que j'ai soutenu deux guerres, et que je n'ai pas su inventer le moindre petit impôt* (1).

Dans ce fameux voyage de 1786, qu'étoit cette Crimée qu'on a tant exagérée? Elle fut un théâtre, où l'impératrice eut pendant quinze jours, un opéra continuel. Le bâton des officiers russes, élevoit des cités plus sûrement que la lyre d'Amphion. La voix du prince Potemkin faisoit naître des prestiges sous les pas de sa souveraine; et tandis que le prince de Nassau fondoit, à la vue du port, sur quelques vaisseaux turcs, comme un aigle qui fait parade de sa vigueur, l'impératrice enivrée de promesses et d'hommages, éblouie des brillantes évolutions de ces escadrons, qui se multiplioient devant elle comme par magie, quoique ce fussent toujours les mêmes, se croyoit déjà à Constantinople, en passant sous l'arc

---

(1) A cette époque, son papier perdoit plus de soixante pour cent.

de triomphe où étoit écrit : *C'est ici le che-*
min de Bisance.

Il n'en est pas moins vrai qu'il est aisé
de donner des noms pompeux à des villes
désertes, ou habitées seulement par le petit
nombre de Tartares qui n'ont pas pu fuir :
et qu'avant que la Crimée dédommage l'impératrice des frais énormes qu'ont entraîné
les commencemens d'un établissement à
peine formé, la face de l'Europe sera peut-
être bien changée.

Que n'eût pas donné un observateur pour
assister invisiblement à ces scènes de féeries,
où jouoient un rôle tant d'acteurs illustres,
dont la plupart ressembloient aux héros de
l'histoire et de la fable. La Czarine arrivant
en Crimée avec une de ses filles d'honneur,
et l'amant de jour. L'empereur entrant et
demandant au prince de L.... *où est le mon-*
sieur ? Le talent de faire ces tableaux, appartient au courtisan philosophe, qui en tiers
dans une voiture avec Joseph et Catherine,
et se réveillant pour les entendre parler de la
prospérité future de leurs états, disoit à part :
Mais vous ne savez pas que la famine est
dans la moitié de vos provinces, et vous, que
vos Pays-Bas se révoltent. C'est à lui à pein-

dre Potemkin, écrivant sur son genou, avec un crayon sur une adresse de lettre, l'ordre à vingt-cinq mille hommes d'avancer en Ukraine; l'ordre au trésorier de donner cent mille roubles, ou ordonnant verbalement à un colonel, d'aller de Sebastopol lui chercher à Naples le ministre de Russie, ou des diabolini.

C'est à lui à parler de ce Swacoff qui exécute comme Potemkin conçoit; qui veut dormir comme cet empereur romain mourut; qui ne fait rien comme un autre, dînant à huit heures du matin, ne souffrant pas qu'on lui dise jamais, *je n'en sais rien;* du reste, aussi difficile à fatiguer qu'à vaincre; croyant qu'*assiéger telle place,* signifie, *prenez-la;* ne sachant pas le français mieux que cela; ayant pour unique refrein et pour cri de guerre, *en avant* (1); charlatan enfin, comme ceux qui mènent les hommes à l'erreur ou à la victoire. Au siège d'Ismaël, il fit charger une armée de roseaux par ses soldats; le lendemain vingt mille Turcs furent dans le Danube, et les Russes dans Ismaël.

Il y auroit de l'indiscrétion à me rappeler

---

(1) *Stupay.*

1 rop ce que m'a seulement laissé lire l'observateur profond et spirituel, qui a vu et écrit
tout cela; mais ce qu'il m'a permis d'écrire,
n'avois-je pas son aveu tacite de ne pas la
tenir secret? Tels sont ces deux portraits du
prince de Nassau et du prince Potemkin;
je les ai pris comme ces peintures qu'on
craint d'endommager, on enlève la muraille
avec elles.

« C'est dans ma tente, sur les bords de la
» mer Noire, depuis deux mois, que je pense
» à toutes les choses extraordinaires que j'ai
» vues depuis quelque temps. Quatre batail-
» les navales gagnées par un officier de cava-
» lerie, qui avoit un régiment allemand,
» sans en savoir un mot; qui étoit major-gé-
» néral de l'armée espagnole, sans en savoir
» la langue; qui est le vice-amiral le plus
» brillant et le plus heureux qu'ait jamais eu
» la Russie, dont il ne sait pas la langue; qui
» a fait le tour du monde sans savoir la géo-
» graphie; à qui on refuse son nom et qui
» s'en est fait un, en attendant que les loix
» lui accordent celui qui lui appartient; si
» l'injustice ne l'en avoit pas dépouillé, il
» auroit dépensé dans les forêts, sur des san-
» gliers et peut-être sur des braconniers, son

» fougueux caractère, sans se douter de ce
» qu'il pouvoit valoir à la guerre. Quelle est
» donc sa magie ? un courage de corps,
» d'ame, d'esprit sans égal ; un caractère bien
» prononcé, de la clarté, de la justesse dans
» les idées, de la fermeté, de l'opiniâtreté,
» de la promptitude, et le plus grand talent,
» à force d'ardeur et d'intrépidité.

» Un commandant d'armée qui a l'air pa-
» resseux et qui travaille sans cesse ; qui est
» couché et ne dort ni jour ni nuit, parce
» que le zèle pour sa souveraine qu'il adore,
» l'agite sans cesse ; qu'un coup de canon
» qu'il n'essuie pas, effraye, parce qu'il s'i-
» magine qu'il en coûte la vie à quelques-
» uns de ses soldats ; peureux pour les au-
» tres, intrépide pour lui ; courant à une bat-
» terie pour s'y arrêter sous le plus grand
» feu, et donner ses ordres avec clarté et
» sang-froid ; gai dans les dangers, triste dans
» les plaisirs ; ayant l'air dur, étant l'homme
» le plus doux ; sobre, ayant l'air gourmand ;
» supportant le chaud, ayant l'air de ne son-
» ger qu'à des bains voluptueux ; se moquant
» du froid, ayant l'air de ne pouvoir se pas-
» ser de fourrures ; toujours sans culotte ou
» à cheval, ou superbe avec ses cinq plaques,

» ses diamans gros comme le pouce au por-
» trait de l'impératrice qui *attire les boulets;*
» courbé, pelotonné, rabougri quand il est
» chez lui; grand, le nez en l'air, fier, beau,
» noble, quand il se montre à son armée;
» ayant l'air d'Agamemnon au milieu des
» rois de la Grèce. Quelle est donc sa magie?
» Du génie, du génie, et puis du génie; de
» l'esprit naturel, des ressources, de la ma-
» lice sans méchanceté, de la ruse sans cesse;
» un heureux mélange de caprices, dont les
» bons quand ils arrivent, lui attirent tous
» les cœurs; beaucoup de tout; le talent de
» deviner ce qu'il ne sait pas, et une grande
» connoissance des hommes ».

C'est un peu là le héros de la fable (1). Le

---

(1) Le prince Potemkin étoit fils d'un simple gentil-homme de Smolensko. Il fut d'abord sergent aux gardes. Tout le monde sait, qu'il a laissé en mourant, une fortune qu'on ne connoît pas, à quelques millions près : mais peu de gens savent, que la première fois qu'il alla chez l'empereur, un marchand lui prêta des dentelles et des boucles d'argent ; il en redemanda le paiement tou-jours en vain : même dans un des momens les plus bril-lans du prince, son créancier veut lui faire une scène au milieu de la cour, il le fit chasser comme un fou ; et ce qui marque autant la singularité que l'espèce

prince Potemkin, borgne, colossal, a plus l'air d'un cosaque brutal, que du favori de la Zénobie du nord. Ce qu'il connoît de mieux, dit-on, c'est sa souveraine. Il traite les Russes comme le prince K... voit les Allemands. Toute sa cour est quelquefois dans son antichambre, à attendre deux heures. *S'il y en avoit un seul*, disoit-il, *qui en valût la peine, j'irois lui demander pardon.*

Ce mot de Potemkin me rappelle que le prince de L... dînant chez lui avec le prince Repnin, celui-ci lui dit : *Prince, on m'avoit dit que vous aviez de l'esprit ; depuis trois mois, je ne m'en suis pas apperçu.* Je vois d'ici le prince de L... qui quitte si noblement quand il le faut, cet air de bonhomie, redresser ce grand corps qu'il laisse toujours aller, et lui répondre : *Qui est-ce qui seroit en état de m'entendre ici? Je me repose.*

Au siège d'Oczakoff que son armée prit par vingt-huit degrés de glace, il fit placer une batterie de dix-huit pièces de canon au milieu de la plaine, se mit auprès trois heures de suite, à la tête de son état-major. C'est là

---

de bonhomie de son caractère , c'est que jamais le prince Potemkin ne l'a fait punir ni payer.

qu'au milieu des boulets qui siffloient autour d'eux, le prince de L.... lui disoit : *Il n'y a qu'ici que vous êtes sociable.*

Les talens militaires du prince Potemkin, sont plus douteux que son bonheur. Quand on commande à des hommes aussi dociles que les sujets du vieux de la montagne, les victoires ne coûtent que du sang ; des Russes à qui on dit : *C'est jeûne demain,* quand on n'a pas de pain à leur donner, et qui le croient ; des Russes à qui on dit : *soyez cela,* et qui le deviennent ; qui apprennent les arts libéraux, comme le Médecin malgré lui a fait ses licences ; qui sont fantassins, matelots, chasseurs, prêtres, dragons, menuisiers, ingénieurs, cuirassiers, comédiens, peintres et chirurgiens ; des Russes qui chantent et dansent dans la tranchée où ils ne sont jamais relevés, au milieu des coups de fusil et de canon, de la neige et de la boue ; adroits, propres, attentifs, respectueux, cherchant à lire dans les yeux de leurs officiers, ce qu'ils veulent exiger pour les prévenir.

Je finirai ce qui regarde les Russes par ce trait :

Dans une bataille contre Frédéric II,

pendant que les Russes battoient les Prus-
siens, le général Soltikoff prenoit un lièvre
à la course derrière les lignes. Le roi de
Prusse dit en apprenant cette circonstance:
*Il est bien dur d'être vaincu par des espèces
pareilles.*

L E T T R E   X L I I.

Archipel.

JE suis parti de Constantinople le 19 avril 1791, sur le Pyrrhus, qui n'avoit que trois canons pour soutenir son nom redoutable. Aidés du vent et des courans, nous fûmes aux Dardanelles (1) le lendemain à onze heures du matin; avant d'y arriver je saluai

> . . . . ces bords révérés ,
> Où le Xanthe immortel roule ses flots sacrés.

Un peu surpris de voir que ce n'est qu'un torrent, dans les chaleurs ayant à peine de

---

(1) Les vents de nord conduisent rapidement de Marseille aux Dardanelles ; souvent en huit jours : mais les vents d'est absolument contraires se rencontrent tres-souvent aussi à l'entrée de la mer de Marmara : les vaisseaux y restent long-temps en panne ; nous en avons beaucoup vu d'arrêtés ainsi à notre passage : les dépêches alors sont remises sur la côte d'Europe, et sont portées à Constantinople, où elles arrivent quelquefois un mois avant le bâtiment.

l'eau à son embouchure, mais avec tout le regret possible de me voir à dix lieues de Troie, sans pouvoir y aller dire :

Hic dolopum manus, hic sævus tendebat Achilles.

Il étoit minuit lorsque je dépassai les Dardanelles; ce n'étoit plus le moment de penser à ces terribles pièces de canon dont les deux forts sont hérissés. La mer étoit calme, le sillage rapide du vaisseau interrompoit seul le silence de la nuit. C'étoit Sestos, c'étoit Abydos que je voyois, et je disois avec l'aimable chantre de Léandre et de Héro :

> O lune, embellis l'univers,
> Et de ta lumière argentée,
> Blanchis la surface des mers ;
> L'amour implore ta puissance :
> Triste victime de l'absence,
> Léandre aimé sans être heureux,
> Frémit de la barrière immense,
> Que Neptune oppose à ses vœux (1).

---

(1) *Trahit sua quemque voluptas*, dit le poëte : si je repasse là à cinquante ans, je ne chercherai que Xercès regagnant Abydos dans une barque de pêcheurs, et je dirai : *Res spectaculo digna, et estimatione sortis humanæ, rerum varietate miranda, in exiguo latentem videre navigio, quem paulo ante vix æquor omne capiebat. Justin. lib. ii, cap. iv.*

Le long de cette côte célèbre, dans l'étendue de cette mer, je ne vois que des objets fameux ; voilà cette Ténédos si fatale aux Troyens :

Insula dives opum Priami dum regna manebant.

Elle n'est plus riche qu'en bons vins, que les Turcs sont mieux occupés à boire quand Mahomet ferme les yeux, qu'à chercher l'anse perfide qui réceloit la flotte d'Agamemnon. Sigée, Lemnos, Lesbos, si les poètes ont ajouté à la vérité dans les brillantes descriptions qu'ils ont faites de vous, le temps a outragé jusqu'à vos noms. C'étoit à Lemnos, et non à Stalimène, que Philoctète dévouoit aux dieux infernaux Ulysse et tous les Grecs qui l'avoient abandonné. C'est à Sigée que Protésilas s'est élancé le premier du haut des vaisseaux grecs : ce n'étoit point au cap Baba. Le cap Baba ne lui eût rien inspiré d'héroïque, et devant le cap Baba il eût dit avec Laodamie :

Bella gerant alii, Protesilaus amet.

Ov.

Et vous, enivrantes Lesbiennes, c'est en vain que Vénus a quelquefois souri à l'hérésie de votre culte : que sont devenus et les prêtresses et les autels? On ne connoît plus que les petits chevaux de Mételine. Ils ont fait oublier les filles de Lesbos. L'*amica silentia lunæ* est très-bon quand on médite un coup de main ; mais je le trouvois dangereux dans l'Archipel, où les écueils et les îles innombrables qui y surnagent, présentent à chaque pas un naufrage poètique : car dans toute la traversée de Sestos à Chio, *nullum est sine nomine saxum.* Au bout de trois jours de navigation nous apperçûmes les côtes blanches de Tschesmé : tous ces lieux qui avoient été le théâtre des exploits et des voyages éternels des anciens Grecs, ne trouvèrent sûrement pas Hassan-Pacha, ni plus savant, ni moins intrépide. Les yeux sur ces fameux champs de bataille, anciens et modernes, je me trouvai enfin dans la rade de Scio, toujours plus étonné qu'il y ait des héros grecs qui ayent su mettre dix ans à retourner chez eux.

LETTRE XLIII.

Archipel.

**Interfusa nitentes
Vites æquora Cycladas.**

Hor.

Le sort des Grecs de toutes ces îles sera le même que celui des Valaques; tout ce que le commerce des Européens aura introduit d'aménité dans les mœurs des boyardes et de leurs maris, va devenir des prétextes de vexation pour les Turcs. De même les insulaires grecs qui ont reçu les Russes dans leurs ports, expieront leur foiblesse ou la nécessité, quand le capitan-pacha viendra lever le karatch. Ils ne se tireront pas d'affaire aussi adroitement que les Ragusains (1).

(1) Dans le temps de la bataille de Tchesmé, ils avoient ouvert leurs ports à Orloff : cette démarche forcée les exposoit au ressentiment de la Porte; ils le conjurèrent, en engageant toute l'Europe à intercéder pour eux. Rien n'est plus adroit que la manière dont ils

Les Grecs sont soumis à un gouvernement particulier : ils s'imposent eux-mêmes ; leur tribut se nomme le *karatch* : le chef qui le perçoit s'appelle *le primat.* Mais tous ces arrangemens sont sans préjudice aux visites du capitan-pacha, qui ne sont jamais oiseuses.

Scio est, après la Crète, la plus grande île de l'Archipel. Elle a été long-temps occupée par les Vénitiens, dont on voit encore les casernes sur la place d'armes ; elles sont bien bâties, comme la plupart des maisons de la ville, toutes en terrasse. Scio est au bas des collines qui occupent le milieu de l'île, et la

---

se défendirent d'aider les Turcs contre le terrible Mahmoud, pacha de Scutari, leur voisin. On leur fit demander des canons. Ils répondirent que comme la république croyoit qu'on n'avoit pas besoin de canons quand on étoit sous la protection de la sublime Porte, il n'y en avoit pas à Raguse. L'existence politique de ce petit peuple est on ne peut pas plus curieuse à observer : la république des abeilles mérite autant les regards que celle des castors. Placés entre des peuples qui voudroient envahir leur territoire, la jalousie de leurs voisins et leur esprit de conduite qui ne se dément pas depuis des siècles, les sauva miraculeusement. Ils combattent l'ambition de leurs ennemis comme les Hollandais combattent la mer.

vue s'étend sur les îles Spalmadores au nord; à l'orient sur la côte d'Asie, du côté de Smyrne, qui n'est guère qu'à trois lieues; au midi, le bassin semble absolument fermé par l'île de Samos et de Nicarie, qui se rapprochent pour terminer l'horizon. Cette ville offre une des preuves sans nombre de la négligence des Turcs et du dépérissement où tombe tout ce qui est entre leurs mains. Son port est à peine propre à recevoir, à présent, de gros vaisseaux marchands : cependant, sous Louis xiv, Duquêne y poursuivit et y coula à fond des vaisseaux de ligne tripolins. Il est remarquable qu'en même temps il bombarda la ville, et que le grand-seigneur s'étant plaint, Louis xiv fit payer le dommage.

C'est un crime d'aller à Scio, sans visiter les *écoles d'Homère*. Que ce prince des poètes, dont le berceau et le tombeau sont l'objet de tant de discussions (1), à qui les uns

____

(1) On sait que Smyrne, Clazomène, Colophon se sont disputé la gloire d'avoir vu naître Homère. On sait aussi qu'il y a fort à croire que Smyrne est sa patrie, d'après les judicieuses conséquences que le voyageur anglais Hood a tirées à cet égard, des ouvrages d'Homère lui-même : mais ce que tout le monde ne sait pas, c'est

ont refusé la vue et d'autres l'existence, ait donné des leçons sur un grand rocher pelé, sur lequel sont encore sculptées quatre griffes de lion, qui pouvoient aussi bien soutenir quelque autel que son fauteuil, on n'est pas plus obligé de croire cette tradition que mille autres : mais en faveur d'Homère, on doit un hommage à ce préjugé. J'y ai trouvé un pied de sauge qui n'a pas la réputation du laurier de Virgile.

La fontaine du pacha coule au bas de ce monument antique, pour *les illustres buveurs d'eau*, comme dit Rabelais ; car elle est aussi légère qu'agréable. J'ai pensé alors à l'eau de Suze, que les rois de Perse voituroient par-tout avec eux. L'eau de Suze m'a rappelé l'ornière où Darius buvoit après la bataille d'Arbelles.

---

qu'un abbé a fait une dissertation pour prouver que le nom d'Homère n'est autre chose que le titre des livres sacrés des prêtres de Cyris en Lucanie, et que l'histoire de Troie n'est qu'une allégorie : cette solution éclairciroit singulièrement la dispute. Que deviendroient alors les tombeaux d'Achille, d'Hector, et d'Ajax, que M. de Choiseul a si heureusement retrouvés dans la Troade. Ce paradoxe se trouve dans un livre intitulé *de l'étymologie du mont Vulturne.*

La production particulière à l'île est le mastic, si recherché dans tout le Levant (1). Le mastic est une espèce de lentisque, de la hauteur et de la forme du térébinthe, tant pour la tige que pour la feuille; son produit est en ferme. Le fermier du mastic le paye sur le pied de quatre - vingt - dix paras (2) l'ocre, et le vend sept, huit piastres, selon la qualité; le paysan est imposé à raison des arbres qu'il a; il est obligé de payer la contribution ordinaire, soit qu'il récolte ou non : c'est à lui à se procurer ce qui manque au tribut. On ne peut acheter que du fermier; cet arbre singulier ne vient que dans la partie méridionale de l'île, vers le lieu appelé cap Mastic. Lors de la récolte, on met des gardes pour veiller à ce qu'il ne s'en vende point en contrebande : ce qui n'y remédie que médiocrement. On fait avec ce mastic une eau-de-vie qui est très-rafraîchissante, et qui, mêlée avec l'eau, fait une boisson très-agréable.

Le principal commerce de Scio, est en

---

(1) On trouve aussi le mastic dans l'île de Ténériffe. *Voyez* Hist. gén. des Voyages.

(2) Le para vaut six liards.

soie ouvrée, qui entre à treize piastres l'ocre et
en sort à quarante (l'ocre pèse trois livres).
Il n'y a d'ailleurs aucun commerçant établi;
le peu de négoce qui se fait , vient de quelques particuliers qui vont de temps en temps
à Smyrne faire une pacotille, l'argent à la
main. Ils n'auroient pas assez de crédit pour
faire autrement ; la position de Scio et le
défaut de concurrence rendroient peut-être
fort avantageux l'établissement qu'un négociant y formeroit.

On se feroit difficilement une idée de la
jouissance qu'on goûte à respirer l'air em-
baumé de Scio, lorsqu'on n'a pas connu au-
paravant les provinces méridionales de
France. L'île fournit d'oranges tout Constantinople ; ce ne sont par-tout que des forêts d'orangers et de citronniers, que jardins,
que sources, qu'ombrages odoriférans. C'est
ainsi qu'est située une délicieuse habitation
appelée la maison du pacha. Une allée pavée
de petits cailloux ronds de plusieurs couleurs, imitant en mosaïque les dessins de
nos parterres, conduit à des escaliers et à
des terrasses faites de cette belle pierre brune
et lisse, qu'on appelle *marbre de Lucullus*,
parce que ce Romain fastueux en fit venir

le premier pour embellir ses jardins. Les peintures du *Salon* ne sont pas mauvaises pour être faites par des gens chez qui la religion circonscrit l'imagination ; ce sont des petits paysages, des attributs de guerre, de chasse, de pêche sur les panneaux : les lambris sont surchargés de dorures ; il y a autant de mauvais goût que de magnificence : la vue bien ménagée de tous les côtés fait le principal mérite de la maison.

Les vêtemens des femmes de Scio tiennent des différens peuples à qui l'île a appartenu. C'est un composé bizarre de costumes et de modes sur lesquelles elles ont renchéri. Ce sont précisément les plus jolies qui prennent à tâche de mettre le plus de blanc et de fard : elles contrarient tout ce que la nature a fait de bien. Pour être chaussée à la mode, il faut n'avoir que l'orteil dans une espèce de mule plate, qui enfle et épaissit nécessairement le pied le mieux proportionné. Elles ont un bavolet qui échauffe et affaisse leur gorge, tenant à un corset qui tombe en jupe par-devant, et par-derrière ressemble à une chappe et les rend bossues.

A Scio, les jours de fête, j'ai vu dans les rues trois ou quatre rangs de chaises toutes garnies de jeunes filles. Ces peintures gazouillent avec un désordre si bruyant, qu'on se croit au milieu de volières de rossignols. Elles sont très-familières, bien gaies pour des Grecques, et viennent de tous côtés demander aux étrangers de la poudre et du fard.

L'air est très-bon à Scio. Le temps étoit superbe pendant le séjour que j'y fis; les couleurs vives et brillantes des habillemens des femmes, donnoient encore plus de vie aux tableaux qu'offroit la grande place qui leur sert de promenade.

LETTRE XLIV.

Archipel.

En quittant Scio, j'ai vu Samos ; non pas sans penser au tyran Polycrate, à sa bague, et à l'amitié d'Amasis, qui rompit avec lui parce qu'il étoit trop heureux ; parce qu'il craignoit un revers pour son ami, et que les malheureux sont à charge. Entre le roi d'Egypte et ceux qui le condamnent le plus, il n'y a peut-être que la franchise de différence.

On laisse Paros et anti-Paros à l'orient, Tine à l'occident, et l'on touche enfin au roc stérile de l'Argentière (1). Il y a beaucoup plus de pierre que de terre dans cette petite île. Nous y avons un consul, dont une des fonctions est de piloter les vaisseaux qui arrivent dans l'Archipel, d'une navigation

____

(1) On doit en savoir d'autant plus de gré à M. S.... d'avoir consacré tant de place à célébrer ses charmes supposés.

dangereuse dans certaines saisons. Il n'y a
rien de plus gai de loin que les justes écarlates que portent toutes les femmes à l'Argentière; mais quand elles s'approchent, on
ne voit plus que des paquets d'étoffe qui les
font ressembler à des tonneaux ambulans :
et si vous vous représentez des jambes tout
d'une venue, emmaillottées dans quatre ou
cinq paires de bas, de crainte qu'elles ne
soient fines, vous aurez une idée du vé-
ritable *to-kalon* dans ce pays-là.

De l'Argentière on apperçoit les sommets
brillans des montagnes de Crête, qui sont
encore à vingt-cinq lieues. Elles sont couvertes de neige presque toute l'année. La
tête du mont Ida s'élève un peu au-dessus
des autres du côté de l'est : nous n'étions
pas à deux lieues de l'île dont nous distin-
guions les arbres et les habitations, que le
vent nous manqua; ce calme dura jusqu'au
soir, ainsi que le capitaine me l'avoit pro-
nostiqué, moins poétiquement que Virgile :
mais le même vent souffla pour le Pyrrhus
et pour la flotte d'Enée, et sur les six heures
de l'après-midi,

Prosequitur surgens a puppi ventus euntes,
Et tandem antiquis Curetum allabimur oris.

L E T T R E X L V.

Hinc mater cultrix Cybele corybantia que æra ,
Idæumque nemus. . . . .   Virg. lib. iii.

La Crète ne retentit plus des cris des prêtres de Cybèle : les corybantes ne courent
plus dans les forêts du mont Ida : les Turcs
qui habitent l'île aujourd'hui, ne connoissent pas plus Jupiter que la chèvre Amalthée. Le labyrinthe n'existe plus que sur
quelques médailles et dans l'imagination des
poètes ; la splendeur de Gnosse et de Cydonie est oubliée ; leur nom n'est pas plus connu que les loix de Minos, des trafiquans qui
chargent les huiles pour Marseille, à la Sude
ou à la Canée. Candie, Retimo, le cap Melu,
le cap Spada, voilà les noms qui ont succédé
aux noms grecs si harmonieux et si célèbres.
Il y a, à la Canée, un pacha à trois queues,
dont le sceptre est un peu plus lourd que celui de Minos. Nous y avons un consul et
plusieurs maisons de commerce. Celui qu'on

ỳ fait, consiste sur-tout en huiles (1). La quantité d'oliviers qui couvre cette partie de l'île, en fournit de beaucoup plus propres que les autres à faire le savon. Les vaisseaux marchands abordent ordinairement à la Canée; les vaisseaux de roi qui relâchent, ne peuvent mouiller qu'à la Sude. Le port de la Canée est fermé par une petite forteresse construite sur une langue de terre : la mer s'y fait sentir avec violence dans les grands vents de nord. Ce port est dans le même cas que le port de Scio; il se comble de jour en jour, et les frégates ne peuvent pas y entrer. La Canée fut fortifiée par les Vénitiens, qui ont possédé l'île jusqu'en 1669, qu'ils furent chassés de Candie. C'étoit le boulevard de leurs établissemens dans l'Archipel, où ils possèdent encore Tine et Cérigo. J'aurois fort souhaité de voir Candie, où ils ont lutté si courageusement et si long-temps contre toutes les forces de l'empire ottoman; mais la circonstance de la guerre empêchoit de s'enfoncer avec sûreté, dans un pays occupé

---

(1) Les vins de Candie ont aussi de la réputation : mais leur plus grand mérite est d'avoir fourni les ceps qui donnent aux Canaries la malvoisie de Ténériffe.

par les Turcs, qui ne voient jamais les Européens de bien bon œil. On voit encore, à la
Canée, des restes de la grandeur vénitienne.
La ville est ornée de fort belles maisons, sur-
tout la rue appelée la rue des Seigneurs : mais
je crois qu'ils étoient loin de tirer tout le parti
possible de ces belles possessions, et que leur
manière d'administrer leurs îles ressembloit
fort à celle d'aujourd'hui (1). Le port de la
Sude est séparé de celui de la Canée par un

---

(1) La politique vénitienne condamne les insulaires
qui lui sont soumis à un asservissement très-dur. A
Corfou, à Zante, à Cephalonie, à Cérigo, le peuple y
est extrêmement foulé. Le gouvernement craindroit
que le peuple devenu plus fort, ne secouât le joug, ou
que la prospérité de ces possessions ne tentât les puissances voisines. Les gouvernemens y sont le patrimoine
des nobles pauvres qui vont acquérir des richesses aux
dépens de la justice dans un poste aussi ennuyeux que
lucratif. Les Vénitiens mettent les mêmes entraves au
commerce de ces îles, que nous mettions à celui de nos
colonies. Les productions vont forcément toutes à Venise. Voici qui fera juger du gouvernement. Le provéditeur de Corfou répondit une fois au procurateur Mo-
rosini, qui lui avoit ordonné d'envoyer des munitions
navales restées à Corfou par le vaisseau le *Saint-Marc*,
bâtiment de quatre-vingts canons, que le vaisseau lui a
paru dans un si mauvais état, qu'il n'avoit pas osé ris-

vallon, qu'il eût été aussi aisé qu'avantageux de creuser, pour donner communication aux deux mers. Il résulte de la position de la Sude, qu'un vaisseau qui retourne en France, a besoin de deux vents différens pour faire route, et pour sortir de ce port si vaste et si sûr.

Toutes les productions naturelles de la Crète sont innombrables. Il y a entr'autres les deux espèces de *laudanum*, le *barba-*

---

quer les provisions sur lui ; qu'il espéroit que la cour le loueroit de cette prudence, mais qu'il avoit profité de cette occasion pour embarquer quatre cents Dalmatiens. Effectivement le *Saint-Marc* se trouva si mauvais, qu'il périt, corps et biens, dans la traversée. Cela prouve à-la-fois la façon dont la marine est entretenue, ainsi que le cas qu'on fait des munitions navales et de quatre cents Dalmatiens.

Voilà la différence qu'il y a entre l'administration des îles et celle de la terre-ferme, les peuples n'y sont point opprimés, parce que le gouvernement craindroit que par mécontentement ils ne se donnassent à une des puissances qui entourent l'état de Venise ; la douceur du joug fait que ce n'est point leur intérêt d'en changer, tout se réunit pour les faire vivre sous le gouvernement le plus heureux. Le Frioul, le Vicentin, le Padouan, sont pour la fertilité et la beauté du climat, les pays les plus favorisés : ils ont toutes les productions des *jovis*, la marjolaine, l'aloës, le palmier, une espèce de fleurs qu'on nomme fleurs à abeilles, parce que sur leur tige, la tête, le corps, les ailes éployées de cette mouche avec ses nuances, sont parfaitement dessinés : enfin on y trouve encore le fameux dictame au milieu des rochers, des montagnes, et des scorpions, car cette plante ne se trouve que dans les endroits les plus inaccessibles. Sans faire tort à ses propriétés miraculeuses, il a celle

---

pays chauds, et tous les agrémens des pays tempérés ; les richesses des provinces ne viennent point s'engouffrer dans la capitale, et former une tête monstrueuse aux dépens du reste du corps ; les nobles de terre-ferme n'étant point admissibles aux places distinguées de Venise, restent dans les provinces et consomment leurs richesses chez eux, élevant les palais qui embellissent Bergame, Vérone et Vicence ; ils aiment bien mieux y vivre riches considérés, que d'aller essuyer dans la capitale des avanies ruineuses. Enfin l'inquisition elle-même est le palladium de la république ; elle empêche à-la-fois les complots, les desseins ambitieux des nobles riches, et les abus de pouvoir des nobles pauvres. Les moyens violens qui font agir les ressorts secrets de l'administration n'étant à craindre que pour les têtes les plus élevées, c'est peut-être dans l'état de Venise que le peuple vit le plus également éloigné de l'injustice et de l'oppression.

qu'on attribue au thé dans un degré supérieur.

A deux lieues environ de la Canée, est la forêt de Platania. Une eau vive et rapide y serpente avec tant de détours, qu'on la retrouve trois ou quatre fois dans un bois immense de platanes et d'orangers; ce n'est plus là le *platanus cœlebs*; il s'y marie à la vigne malgré Horace, et la nature approuve fort cet accouplement, car les ceps, d'une vigueur et d'une grosseur énormes, pendent en festons de trente et quarante pieds de haut. L'ombrage, la fertilité, sont par-tout les mêmes; et quand on croit l'avoir perdue, on retrouve cette jolie rivière, dont les bords solitaires et la vue toujours bornée, offrent l'illusion du continent à cinq cents pas de la mer.

On trouve sans doute Platania encore plus agréable, quand on y arrive par cette grève sabloneuse et brûlante, qui est le long de la mer. Le retour contraste avec la route du matin d'une manière très-piquante, lorsqu'au lieu de cette monotonie de sécheresse, de sable et de mer, on revient à travers des plaines de myrtes, sur le bord de précipices, au milieu de jolies fontaines, ayant devant

les regards les sommets neigeux de ces montagnes tapissées, presque jusqu'à leur cime,
de la plus riche verdure : mais ce plaisir est
bien empoisonné, à la vue du spectacle
qu'offrent les approches de la Canée. Depuis
les portes de la ville jusqu'à la distance d'une
lieue et plus, au milieu des plus riches campagnes, je ne vois que des cabanes isolées qui
bordent les chemins, et dont les toits, couverts de paille, annoncent la misère, l'abandon, et l'horrible fléau qui afflige les malheureux qui les habitent. La plus belle
contrée est désolée par les deux calamités
les plus destructives et les plus affreuses, la
peste et la lèpre. La peste ne présente que
l'idée de souffrances courtes et d'une mort
prompte. Mais de quels avant-coureurs aussi
douloureux, aussi révoltans, aussi lents que
certains, l'infortuné, que l'incurable lèpre a
couvert, voit-il précéder cette mort ? Cette
épouvantable maladie offre les plus bizarres
singularités : tantôt le funeste venin ravage
l'intérieur du corps, sans autre marque extérieure qu'un gonflement universel, jusqu'au moment où le malade n'est plus qu'une
plaie : souvent la seule inquiétude d'un mal
sans remède, paroît sur un visage qui n'est

pas entièrement décomposé. Tous les âges, tous les sexes sont infectés de ce poison; toute communication est proscrite entre les lépreux et les hommes. Un lambeau étendu devant leur cabane , reçoit les aumônes, qu'ils vont ramasser lorsque le voyageur charitable s'est éloigné. La lèpre est de toutes les maladies la plus héréditaire : on la garde dix et vingt ans. Un Turc voyant que le germe de la lèpre se développoit dans un de ses fils, l'envoya à Montpellier : tous les secrets de la médecine furent inutiles; et cet infortuné, qui devoit être fort riche , revint mourir dans la maison de son père. J'ai vu, au milieu d'une cour, le bâtiment isolé qu'il habitoit : c'étoit au moins une consolation pour lui de se voir plaint.

Ce beau Candiote, le plus parfait ouvrage de la nature, peut ainsi, du jour au lendemain, en devenir la honte. A sa tête élevée, à sa haute taille, à ses mouvemens nobles et faciles, je reconnois le roi de l'univers : mais cet infortuné lépreux au fond de sa cabane, vivant de la compassion de ses semblables, qui le méconnoissent avec horreur, réduit à desirer la mort sur son lit de souffrances , est-ce un roi aussi? C'est un roi qui, s'il étoit assez malheureux pour n'être pas insensible, préféreroit, à sa grandeur passée, le sort de ce reptile qu'il fouloit aux pieds dans ses jours de gloire.

Les montagnes escarpées qui séparent la partie du nord de celle du midi, sont habitées par les Sphachiotes, descendans des anciens Crétois, dont la race et l'indépendance se sont perpétuées sous la protection de la nature. Dans le sein même du despotisme, elle a choisi par-tout ces sanctuaires sauvages, pour conserver le dernier souffle de la liberté. Les Monténégrins dans l'Albanie, les Brêmes dans les retraites du mont Atlas, les Magniotes dans les rochers de la Morée, les Sphachiotes dans les montagnes de la Crète, entretiennent, depuis des siècles, ce feu sacré, bienfait immortel de la nature.

Elle a choisi ces peuples, qui sont absolument maîtres des communications entre les deux parties de l'île, et que le joug ne peut atteindre dans leurs asyles, pour rappeler aux Turcs, maîtres si despotiques, qu'ils sont des hommes aussi; ils doivent la confiance qui fait leur force, à l'asservissement où ils tiennent tout ce qui leur est soumis: cette oppression révolte davantage, étant exercée dans les lieux les plus favorisés de la nature. Un Grec ne possède rien qui soit à l'abri de la cupidité d'un Turc; sa femme, sa fille, ses troupeaux, son vin, un Turc, l'yatagan à la main, se fait tout livrer. Je l'ai observé sur-tout en Crète, où dans le voisinage des villes il ne reste de jeunes filles que celles que leur bas âge ou leur figure, peu remarquable, laissent encore à leurs familles. Un petit Turc de dix ans met en fuite cinq ou six Grecs de son âge : la brutalité et l'arrogance de l'un, l'esprit de servitude des autres, sucés également avec le lait, sont aussi remarquables qu'extraordinaires à cet âge. Mais que ce Turc si fier tant qu'il voit le minaret de sa mosquée, soit obligé d'aller de l'autre côté de l'île, il traverse les montagnes aussi humble, aussi paisible, qu'il étoit dur et violent : il devient le plus doux des Grecs devant le dernier des Sphachiotes.

LETTRE XLVI.

Archipel, île de Malte.

APRÈS être resté six jours dans le port de la Sude, jurant autant que les capitaines grecs en Aulide, j'ai commencé enfin mon éternelle traversée pour Malte ; les momens de repos que me laissoient les vents contraires et les gros temps, je les passois à pester après un bâtiment trop chargé et qui marchoit mal (1) ; à maudire la stérile Cérigo que j'ai vue trois jours. Ses charmes sont aussi flétris que son nom ; Vénus désavoueroit aujourd'hui d'y avoir jamais habité. La bannière de Saint-Marc a succédé à celle de la déesse : un mauvais fort est élevé sur les débris de ses temples ; un vieux provéditeur vénitien est l'interprète très-peu galant des

---

(1) La rareté des bâtimens rend ces traversées très-chères : je crois que celle de Candie à Malte m'a coûté sept louis ; mais je dois ajouter que le vent d'est favorable pour entrer à Malte en venant du Levant est tout-à-fait contraire pour en sortir.

loix de l'ancienne Cythère. Nous reconnûmes la Morée, et nous apperçûmes peu de jours après le sommet du mont Etna, la boussole sûre de ces parages orientés par ce point très-saillant. Nous découvrîmes Malte, malgré la brume qui faillit nous la faire manquer, et nous entrâmes dans le port par un temps aussi fâcheux pour l'obscurité que par l'agitation de la mer. J'allai sur-le-champ en chaloupe gagner mon lazareth. Je ne l'oublierai pas ; j'ai arpenté pendant vingt-huit jours ma vaste et solitaire prison. Les murs extérieurs sont couverts de souvenirs de tous les genres. On admire le grand-prévôt de Spire, qui a fait graver sur le marbre, pour l'instruction de la postérité, que le baron de Weïssemberg s'y étoit reposé trente-huit jours en revenant de Constantinople. J'ai considéré tout à mon aise ces campagnes singulières qui ne présentent de loin que des murs ; l'infatigable Maltois oppose cette digue aux eaux qui emporteroient chaque année le produit de son activité, de son industrie, avec le champ brûlant et fertile à qui il demande tout ce qu'il obtient.

J'ai devant moi en écrivant, ces belles fortifications aussi étonnantes que multipliées. On dit qu'il ne manque que de l'eau au superbe pont qui est sur le Mançanarès; il ne manque aussi aux immenses remparts de Malte, que des soldats pour les défendre et des ennemis pour les attaquer. On ne peut comparer le nombre de canons qu'on y voit, qu'au bruit qu'ils y font. Je crois qu'il n'y a pas de ville au monde où on fasse en temps de paix une pareille consommation de poudre; j'en excepte Constantinople (1), lorsqu'un sultan a beaucoup de goût pour la promenade.

Charles-Quint donna en 1530, l'île de Malte aux chevaliers de Saint-Jean de Jérusalem qui avoient été chassés de l'île de Rhodes par Soliman, en 1522. Léon x leur donna Viterbe pour retraite dans l'intervalle. Ce qui est remarquable, c'est que dans les trois fameux siéges que soutint l'ordre, il eut un Français pour grand-maître. Daubusson l'étoit au premier siége de Rhodes (2);

------

(1) Quand le grand-seigneur sort, on a vu que tous les vaisseaux du port, toujours en grand nombre, le saluent de même que quand il rentre.

(2) 1522. Il falloit que l'ordre fût bien riche, puisque l'Isle-Adam offrit à Soliman de lui payer les frais de la guerre, s'il vouloit lever le siége. *Voyez* le présid. Henaut.

l'Ile-Adam en rendit les ruines, sous lesquelles étoient cent quatre-vingt mille Turcs. Enfin en 1565, Parisot de la Valette étoit grand-maître, lorsque Soliman entreprit inutilement le siége de Malte. Aussi la France est-elle le soutien comme la gloire de l'ordre; c'est pour lui le cheveu de Nisus.

Malte, par sa position, offre mille ressources au commerce. C'est le seul port qu'on rencontre dans une immense étendue de mer, et le meilleur qu'on puisse rencontrer. Un vaisseau en détresse y trouve des pilotes, des mâts, des constructeurs : le seul défaut de l'île est d'être un peu basse.

La principale culture est en coton. Le bailli de Suffren imagina d'amener une colonie d'Indiens, pour apprendre aux Maltois à travailler le coton avec la même perfection que dans leur pays; la petite tribu avoit réussi assez bien : les habitans se sont même perfectionnés sur leur exemple; mais la jalousie qui, chez les petites puissances, est aussi forte que chez les grandes, empêcha les encouragemens qu'on auroit pu donner à l'établissement. M. de Suffren, à son retour, la trouva dans un état peu florissant, et la vendit à M. de Vergenne; les Indiens sont retournés depuis dans leurs pays avec les ambassadeurs de Tipoo-Saïb. Cette petite peuplade vivoit à Malte comme aux Indes : ils pratiquoient leurs rites, leurs actes de dévotion ; la différence des castes étoit aussi marquée. Le froid seulement les incommodoit au trente-septième degré de latitude.

Les fortifications, augmentées par plusieurs grands-maîtres, sont plus admirables qu'utiles, parce que l'accroissement prodigieux de la population de l'île et son extrême culture, ont forcé d'adopter en cas d'attaque un tout autre plan de défense; on a placé des redoutes dans tous les endroits où il seroit possible de tenter un débarquement. La seule entrée de l'ennemi feroit un tort infini à un pays dont la fertilité fait la richesse : et une flotte qui seroit tenue en échec pendant trois mois, seroit obligée de se retirer, le canal n'étant pas tenable pendant neuf.

Lorsque je compare avec la vérité, la manière dont Brydone a vu Malte, je persiste à croire que les Anglais, pour voir plus, voient rarement mieux; j'ajouterai en passant, que je ne connois guère d'observateurs plus exacts que les Espagnols qui voyagent. Voici ce qu'il dit de Malte.

(Malte, assemblage des cadets des meil-leures familles de l'Europe, est une excel-lente académie de politesse.)

(Les ridicules et les préjugés de chaque nation s'adoucissent et se dissipent peu à peu, par la communication et la familiarité qu'ont entr'eux les chevaliers.)

C'est-à-dire que Malte est une école aussi bonne que nos garnisons pour nos officiers d'infanterie. Quant à ce mélange auquel chaque nation doit gagner, il n'existe pas : on voit au contraire la ligne de démarcation la mieux tracée. Les chevaliers français, allemands, italiens, espagnols, portugais, ne se mêlent pas les uns avec les autres, plus que les eaux de l'Alphée aux flots de la mer. La différence est aussi sensible à l'œil qu'à l'esprit ; les costumes diffèrent comme les préjugés. Un Allemand a, comme à Vienne, une oreille de mouchoir qui pend de sa poche, et des talons rouges. Un Italien a sa longue épée, avec laquelle il assassine comme chez lui, aussi souvent qu'à Naples et à Rome : toujours à l'église ou un chapelet à la main. Il y a deux mois qu'un chevalier ita-lien assassina de trois coups d'épée un capi-taine de vaisseau marchand. Tous ses camarades ont trouvé fort mauvais qu'on l'eût puni. Un Romain ou un Napolitain ont toujours au moins une relique sur la poitrine. Si un Français y porte quelque chose, c'est le portrait de sa maîtresse ; d'ailleurs il ne quitte pas à Malte cet air avantageux et cette turbulence qui l'accompagnent par-tout.

Les trois grandes fêtes de Malte sont la Saint-Jean, la Fête-Dieu, et la fête de la Victoire. J'ai vu les deux premières. A la Fête-Dieu il se pratique un de ces usages singuliers, que le temps a consacrés et dont l'origine est perdue. Il y a sur la place du palais trois tonneaux pleins de paille. On en fait trois fois le tour, en procession, et le feu est mis au premier par le grand-maître, au second par l'évêque, et au troisième par les baillis. C'est le jour de la Saint-Jean que se voient ces fameuses courses de chevaux, de jumens et d'ânes ; on ne s'attend pas que la lice soit une rue montueuse et glissante, qui traverse la ville dans sa longueur. Un peuple immense couvre les rues, toute l'île est dans Malte, ce jour-là : car c'est une clause du mariage des femmes, que leur mari sera tenu de les mener à la fête de Saint-Jean. Il faut qu'elles ayent bien peu de plaisirs, ou un grand goût pour celui-là. Le desir de voir permet à peine à la foule de laisser passer les chevaux. La police se fait d'une manière aussi exacte que remarquable ; autrefois on y employoit des soldats, à présent le juge, un bâton blanc à la main, termine toutes les rixes, et contient d'un mot une multitude que les baïonnettes n'arrêtoient pas.

Malte ne suffisant pas à nourrir ses habitans un tiers de l'année, toutes les provisions se tirent de Sicile, comme le blé, les bœufs, les moutons ; c'est de Palerme surtout qu'on les tire. L'Etna fournit la glace, qui est à Malthe aussi salutaire qu'agréable : on traite beaucoup de maladies avec la glace, et lorsqu'elle devient rare, on la garde pour l'hôpital, où les malades sont traités avec un soin et une attention dignes de la première institution de l'ordre.

Le palais du grand-maître a des ornemens nobles et simples ; la vue en est agréable par l'aspect de la mer et du port, tableaux animés sur lesquels il domine : du côté de la place il reçoit les seuls souffles d'air qui viennent rafraîchir les heures brûlantes de la journée. L'intérieur du palais annonce bien la demeure d'un vieillard. Les marches de l'escalier n'ont pas plus de trois pouces de hauteur. Le grand-maître est Français; les chevaliers français s'en prévalent un peu. Il est comme un père au milieu de sa famille. J'ai assisté à un spectacle que lui donnoient les jeunes chevaliers, à la Saint-Jean; j'y ai vu les beautés maltoises, baronnes et bourgeoises. Des yeux vifs et noirs, des jambes fines, un *feradgé* noir qui les enveloppe et a quelque chose de mystérieux et de piquant; voilà ce qui leur est commun à toutes, ainsi qu'une coiffure qui les fait ressembler à des saules pleureurs.

L'église de Saint-Jean a de remarquable son plafond et son pavé; la voûte est peut-être le plus grand ouvrage de peinture qu'il y ait. C'est la vie entière de saint Jean peinte par le Calabrèse. Plusieurs morceaux tombent de vétusté : d'autres sont extrêmement passés, sur-tout ceux où il y avoit beaucoup de bleu, parce que, dit-on, le garçon qui broyoit l'outremer voloit le peintre. Il seroit bien à desirer que cet immense et merveilleux ouvrage fût gravé avant de dépérir. L'église offre un singulier coup-d'œil pendant l'office. Dans le chœur est le grand-maître, sous un dais, avec ses pages à côté de lui : les baillis en longue simare, une croix blanche sur la poitrine, les deux queues de paon qu'on porte à côté du célébrant, comme à Rome; des touffes de femmes enveloppées dans leurs mantes noires, et des groupes d'uniformes écarlates, que relèvent encore ces croix blanches qui sont sous les soubrevestes roses des chevaliers; cet ensemble fait un effet plus singulier qu'agréable à l'œil, qui plonge sur toutes ces masses séparées : il y a trop de noir. Le pavé du temple est en marbres de rapport; chaque quarré forme la tombe d'un bailli. Leurs familles leur font ériger ces monumens. Incessamment il n'y aura plus de place, les derniers venus sont déjà à la porte (1), et il y a foule, car les grands dignitaires de l'ordre sont ordinairement très-mûrs. Les chapelles, en nombre égal aux différentes langues, servent de sépulture aux grands-maîtres. La seule chapelle d'Allemagne n'a pas de monumens. Dans celle de Portugal on

-----

(1) A Saint-Paul, *extra muros*, à Rome, où sont peints tous les portraits des papes, il n'y a plus de place non plus que pour ce pape-ci. Quelle carrière pour l'almanach de Liége !

2

voit le portrait en mosaïque, du grand-maître *Pinto*. On dit qu'il est parlant. Les dessins et les inscriptions de ces tombes sont souvent monotones, quelquefois bizarres, satiriques ou morales. J'ai remarqué celle d'un chevalier castillan qui, tombé dans la disgrace de son souverain, passa la plus grande partie de sa vie en prison. Le marbre représente les attributs de la mort, et sur le fond, la fenêtre d'un cachot, avec ces mots :

La morte è fine d'un prigion' oscurà.

Un autre chevalier, qui n'étoit pas aimé du grand - maître *Manoel de Vilhena*, fit placer sa tombe sous la porte attenante au palais, par laquelle le grand-maître arrive, et au bas cette pensée : *Qui me calcas calcaberis, idque cogita et ora pro me.*

Le trésor est peu de chose; mais ce qu'on ne croit voir qu'une fois mérite d'être vu. Il y a un bras de saint Jean, donné à l'ordre par Bajazet; un fort bel *ostensoir* en or, dont la plus grande merveille est d'être fait en filigramme, sortes d'ouvrages où l'on excelle à Malte. On montre aussi l'estoc et le baudrier que les papes sont dans l'usage d'envoyer aux nouveaux grands - maîtres, ainsi que la toque qui les accompagne. Le tout étoit porté par un prélat. C'étoit toujours un bénéfice sur l'ordre à donner au messager violet. Plusieurs grands - maîtres, sur-tout celui-ci, se sont refusés à cet impôt; ils n'acceptent plus que les bénédictions papales.

La bibliothèque est composée des dépouilles des chevaliers. Les éditions ne sont pas belles, mais le fonds est bon.

Il y a une belle collection de laves, donnée par M. Hamilton.

Les maisons de plaisance du grand-maître sont au nombre de trois : le Bosquet, Saint-Antoine, j'ai oublié le nom de la troisième; le Bosquet n'est intéressant que parce qu'il est à Malte, et que des bois ne devroient pas venir sur des pierres. Des petits jets d'eau, des petits conduits d'eaux, des petits bois d'orangers, dont on sait le nombre, qui n'abritent pas plus du soleil que des parasols de poche ; un terrein brûlant, des allées de roc, des appartemens simples, des meubles antiques usés, de mauvaises peintures rappelant les principaux événemens de la vie du fameux Verdale : voilà tout ce qu'on voit au *Bosquet*. Le jour de saint Pierre et saint Paul il offre un spectacle d'un autre genre. Les habitans des nombreux cazals répandus dans l'île, vont avec toute leur famille, leurs mules, leurs ânes (1), leurs enfans, s'établir sous chaque arbre du *Bosquet* : le plus piquant du divertissement est de n'arriver qu'une fois par an : mais le plus grand plaisir n'est pas à coup sûr pour les curieux.

Je pris à Malte un *speronaro*, et je partis le trente juin, muni d'un contrat qui me donnoit tous les droits possibles sur mon patron et son équipage. On devoit me mener à Naples, en me relâchant le long des côtes de Sicile et de Calabre, où bon me sembleroit. Le *Speronaro* est le plus leste de tous les bâti-mens. Aussi est-il construit pour fuir. Les Maltois m'ont paru sobres, actifs, infatigables. Je les ai vus ramer un jour et une nuit sans discontinuer de Pestum à Naples. Ils sont superstitieux, couverts de petites reliques, aimant beaucoup à gagner ; d'ailleurs assez bons. Je crois que le *Speronaro*, frété à mon compte pour ce trajet, sans convention d'ar-

____

(1) Les ânes de Malte sont très-renommés.

river à jour nommé, m'est revenu à-peu-
près à dix louis.

Tous mes matelots étoient tatoués. Sur
les bras et les jambes, ils ont la manie de se
peindre des pots de fleurs, des petites madones, ou mille autres figures. Quand ils
ont supporté cette opération, qu'ils ont eu
le bras ou la jambe enflés pendant quinze
jours, ils ont auprès du tibia ou sur l'avant-
bras, une jolie vierge bleue ou un beau petit
arbre peint pour le reste de leur vie.

LETTRE XLVII.

Syracuse.

MES Maltois en habit de fête pour célébrer le départ, avoient aussi paré le petit bâtiment. La banderole rose et blanche aux armes de Malte flottoit dans l'air, et le vent le plus frais favorisoit la traversée. J'attendois l'hymne harmonieuse dont parlent tant de voyageurs dans leurs terribles relations du voyage le plus simple. On m'en fit grace, et je ne me suis réveillé que le lendemain pour appercevoir les côtes de la Sicile. J'avois laissé sur la droite Selinonte, Agrigente, et cette Lilybée qui ne se souvient pas plus de *Lutatius* et des flottes romaines et carthaginoises que du lilibétain de Strabon, dont l'œil de linx découvroit les vaisseaux qui partoient de Carthage. Ma traversée jusqu'à Syracuse a été aussi prompte que peu intéressante ; je dépassai dans la journée le cap Passaro, son triste château où l'on semble oublié de toute la nature, et j'entrai dans le fameux port de Syracuse entre Ortygie et Plemmyre. Je ne faisois pas autant de bruit en arrivant qu'en faisoit la flotte d'Alcibiade. Mais nous avons peut-être mouillé tous deux dans le même endroit.

Une députation fort mal peignée, a pris, avec des pincettes, mon passe-port maltois. Je me mourois de peur qu'ils ne me soupçonnassent d'avoir la peste, et qu'ils ne me condamnassent à une nouvelle quarantaine. J'en ai été quitte pour venir à l'obédience, c'est-à-dire, chez le gouverneur. Il ressembloit à tous les autres ; mais ce qui ne ressemble plus à rien, c'est la fontaine Aréthuse que j'ai vue au retour. Mon conducteur, qui portoit une petite perruque de filasse par-dessous un chapeau qui avoit changé de forme et de couleur, étoit très-digne de représenter, au milieu du cercle dégoûtant, qui lavoit des haillons dans cette source fameuse. Des guenons exécrables y blanchissoient des linges aussi immondes qu'elles-mêmes. Les murs dont on a emprisonné Aréthuse avilie, semblent vouloir dérober aux yeux les profanations dont on la souille. Tous les poètes ont parlé de ses flots purs comme le cristal, de ses bords émaillés de fleurs : s'ils ont permis d'y laver quelque chose, c'est tout au plus les vêtemens de lin des nymphes de Sicile. En apprenant le déplorable état de leur fontaine chérie, ils chasseroient, au nom d'Apollon, les gnômes qui enchenillent ces rivages si délicieux.

Les antiquités de Syracuse laissent pour la plupart la curiosité bien imparfaite. Ortygie est la seule partie habitée aujourd'hui : Néapolis, Ticha et Achradine n'offrent que des vestiges informes. Depuis Brydone et de Saint-Non, on a fait de nouvelles découvertes à l'amphithéâtre. Par exemple on a trouvé les deux portes opposées par où entroient le peuple et la noblesse, et les conduits souterrains qui amenoient les bêtes. Les travaux des excavations sont très-lents, vu sur-tout le peu d'argent qu'on fournit ; dans cette arène où combattoient ces bêtes féroces, où les belles de Syracuse venoient repaître leurs yeux des spectacles sanglans, on cueille aujourd'hui des fèves et des abricots. Quand je considère les expositions de ces amphithéâtres où se jouoient ces scènes cruelles, ce choix des plus beaux sites dans un pays qui n'en offre que d'enchanteurs, il semble qu'on ait pris à tâche d'outrager la nature, en mettant ce qu'elle a de plus révoltant à côté de ses tableaux les plus délicieux. Elle seule n'a point changé. Ce port immense n'a rien perdu de son étendue; on ne s'étonne pas qu'il s'y soit livré des batailles rangées. Il ne reste plus que deux colonnes du fameux temple de Jupiter olympien; mais les marais y sont encore, et devant ces témoins authentiques, on se voit sans peine au milieu des tentes de ce fier Timoléon, à qui la peste enleva quatre-vingt mille soldats sur ces mêmes places. Auprès de ce théâtre d'horreurs, coule la paisible fontaine de Cyane; le papyrus qu'on y retrouve, atteste la clarté et la tranquillité de ses eaux. Le fleuve Anapus qui la reçoit, a conservé son nom, comme ses rivages ont conservé leur fertilité.

On dit que Syracuse avoit dix-huit milles de tour. Les rues de Ticha m'ont paru bien étroites par les traces de chars que l'on voit encore. La rue des tombeaux est encaissée entre deux murs qui laissent voir des deux côtés différentes espèces de caveaux. Je ne suis pas surpris que Cicéron ait eu de la peine à y trouver le tombeau d'Archimède.

Tous les voyageurs ont parlé de *l'oreille de Denys ;* son nom indique sa forme; il reste auprès de cet ouvrage énigmatique, une tour qui semble indiquer la demeure du gardien. Un tremblement de terre l'a isolée. En face est un énorme rocher, dans l'intérieur duquel on vient d'appercevoir un escalier secret, dont la suite se retrouve dans un autre roc qui en a été détaché par un tremblement de terre. La tour, la petite chambre qu'on apperçoit au haut de l'oreille de Denys, donnent par leur ensemble et leur rapprochement de nouveaux éclaircissemens sur son mystérieux usage.

LETTRE XLVIII.

On apperçoit Catane entre deux môles de laves qui forment le port dont l'Etna lui a fait présent; ces deux digues noires tranchent de la manière la plus pittoresque avec la verdure et la fertilité de la côte et de la plaine, avec la construction agréable des maisons, l'alignement et la largeur des rues, toutes pavées de ces beaux carreaux de lave que l'Etna fournit et fait souvent payer si cher. La nouvelle Catane est bâtie sur l'ancienne; ce qu'il y a de plus curieux est le cabinet du prince de Biscari. Je n'ai pas trouvé le prince, et malgré ce qu'en disent les voyageurs, on m'a ssuré que je n'y avois pas perdu. Un gentilhomme du pays à qui j'étois recommandé, m'a fait voir le muséum. La plus grande partie des pièces qui le composent, a été rassemblée en Sicile : il y a des vases étrusques, pas aussi grands cependant que ceux qui sont à *Capo di monte;* mais des lampes de terre cuite, beaucoup mieux conservées et plus singulières que celle de *Portici*. Les sujets en sont très-libres ; et l'on ne sait lequel admirer le plus de la science ou de la variété des attitudes. Il y a des Priapes en quantité, et qui ont chacun quelque chose de très-original. Un petit amour sur-tout est dans une attitude comique. On ne peut pas s'empêcher de rire de ses deux joues enflées, de son air triomphant, de ses mains sur ses hanches, de l'expression de toute sa personne, qui témoigne qu'il essaye un meuble d'emprunt.

Il y a parmi les monumens une épitaphe qui m'a paru remarquable, c'est celle-ci : *Claudiæ Saphoriæ Evibius Narcissus conjugi suæ benè merenti fecit, cum quâ vixit XXX annis sine querelá* (1).

---

(1) On me pardonnera ma curiosité pour les tombeaux et les épitaphes : celles de Malte et de Catane peuvent figurer auprès de celles que leur esprit moral, satirique, ou ridicule rendent remarquables dans d'autres pays. On connoît l'épitaphe de Newton ; et dans ce même pays où tel écrivain a souvent manqué de pain pendant sa vie et a obtenu un tombeau après sa mort, on voit aussi celui de Dryden, avec cette épitaphe: *Dryden.*

Dans le même pays où on lit sur la tombe du chantre de Godefroi, de Tancrède et d'Herminie, ces mots si

LETTRE XLIX.

On donne à l'Etna dix mille pieds au-dessus du niveau de la mer, et cent mille de circonférence. Toutes les relations de son escalade sont plus effrayantes les unes que les autres; pour moi je l'ai trouvé très-abordable. Il est vrai que c'étoit au commencement

---

touchans de simplicité : *ossa Torquati Tassi ;* croiroit-on qu'on lise un peu plus loin cette inscription ridicule : Joanni Magio , *puero incomparabili qui ob imperitiam obstetricis ex utero statim translatus est ad tumulum die 21 dec.* 1632.

Mais des hommes libres et dignes de l'être, aimeront l'épitaphe de Jov. Pontanus faite par lui-même :

> Servire superbis dominis ,
> Ferre jugum superstitionis ,
> Quos habes caros sepelire ,
> Condimenta vitæ sunt.

Qui peut ne pas dire avec un écrivain ingénieux et vraiment philosophe : *il seroit à souhaiter que chacun fît son épitaphe de bonne heure : qu'il la fît la plus flatteuse qu'il est possible , et qu'il employât toute sa vie à la mériter.*

de juillet. La route qu'on fait à cheval est ennuyeuse, celle qu'on fait à pied est pénible, et l'une et l'autre sont fort longues. De Catane à Nicolosi, on marche sur des laves continuelles, qui, dans beaucoup d'endroits, rendroient le chemin impraticable à d'autres animaux qu'à des mulets. Par-tout où la végétation paroît, elle se développe avec la plus grande force : ce ne sont que des aloës, des opuntias, des figuiers ; leur luxe même est d'une monotonie fatigante : cette profusion ne satisfait pas comme la richesse des campagnes qui avoisinent la ville de Naples.

C'est à Nicolosi que commencent les plaines de cendres, qui séparent la *regione Piemontese* de la *regione Silvosa*. C'est un tableau singulier que celui de la plaine noire et poudreuse, qu'entourent cent montagnes coniques couvertes de vignobles et de verdure : la nature a reconquis son empire, et forcé le feu qui l'a vaincue à céder à son tour et à embellir sa parure. Autour de *Monte-rosso*, d'où est sortie la terrible lave de 1669, qui a abîmé Catane, on ne voit aujourd'hui que des plantes et des arbustes de toute espèce. La *regione Silvosa* est couverte d'arbres ; mais, en général, d'une espèce rabou-

grie, peu droits : ils ne doivent l'éloge qu'on
en fait, qu'aux trois milles qu'on vient de
parcourir sur des terres, des pierres, des
sables, que l'on croit frappés d'une stérilité
éternelle. C'est au bout de la *regione Silvosa*
qu'est la *Spelunca delle capriole* : la terre est
dès-lors dans une léthargie totale; le foyer
éternel, auquel elle sert d'enveloppe, y
étend ses ravages dans tous les temps. Par-
tout la vue se porte sur une surface grisâ-
tre, dont l'aspect uniforme n'est interrompu
que par des rochers prodigieux, qu'on s'é-
tonne de voir vomis de la montagne, quel-
qu'effrayante idée qu'on se fasse de ses gouf-
fres. Les yeux ennuyés, attristés, épouvan-
tés, on arrive à la plate-forme où étoit la
prétendue tour d'Empedocle. C'est près de-là
que j'ai vu lever le soleil : avec lui commençoit le plus beau des jours, qui venoit d'être
annoncé par la nuit la plus brillante et la plus
fraîche ; la nature sembloit se prêter à me
faire jouir, dans tout son éclat, du plus brillant spectacle qu'elle puisse offrir : je le
croyois avec complaisance, quand je voyois
les pays les plus éloignés se rapprocher,
pour embellir, à mon œil, le tableau magnifique dont il étoit frappé en regardant ces

îles *Lipari*, cette Italie, cette mer immense, ce *Stromboli* qui fumoit à mes pieds, la Sicile toute entière, dont les villes, les ruines, les prairies, les fleuves, ne m'étoient dérobés par aucun nuage; j'existois pour admirer : mais quand mon regard revenoit à cent pas de moi, que je me considérois entouré d'un sol calciné, image réelle du néant, je ne me croyois plus cet être privilégié : l'extrême difficulté à gravir cette montagne conique, d'où s'échappent les élémens métamorphosés, m'avertissoit de la foiblesse humaine. Arrivé au sommet, le soufre et la fumée s'échappent sous chacun de mes pas; je vois cet abîme, dont l'immense largeur et la profondeur inconnue, me donnent l'idée de ceux dont je ne suis séparé que par une croûte peu épaisse. Le sentiment de l'audace succède à celui de la crainte. Ni quadrupèdes, ni volatiles n'osent tenter la route que l'homme s'est frayée. Je respire l'air le plus pur, à dix mille pieds au-dessus de la mer; et la vue sur ces fleuves de feu, je brave un élément de plus. Quand je contemple, autour de moi, la nature dans la tristesse ou le sommeil; et que, dans un horizon de cinquante lieues, je vois le soleil dorer les prairies, les forêts et les moissons, je crois voir le doux avenir qui console d'un présent douloureux et pénible (1).

En redescendant, on reconnoît la fausseté des prestiges de la nuit. Chaque ravin, dans les ténèbres, me sembloit un précipice. L'esprit ne songe à rien que d'immense, dans ce qui accompagne l'Etna; et à chaque avis de tenir ma mule, je me voyois courant le risque de rouler éternellement (2).

---

(1) Ces éruptions de feu et de cendres ne sont pas les phénomènes les moins effrayans; mais la nature en offre d'autres qui ne sont pas moins étonnans. Cette espèce de volcan de fange où la terre est changée en lac, et qu'on voit auprès d'Agrigente; et ce volcan d'eau bouillante, *le Geyser*, qui, rival et voisin de *l'Hécla*, lance de son étrange cratère qui a dix-huit pieds de diamètre, des rocs et des colonnes d'eau à la hauteur de soixante brasses. *Voyez* lettres sur l'Islande, lettre 23e.

(2) Fama est Enceladi semustum fulmine corpus
  Urgeri mole hac, ingentemque insuper Æthnam
  Impositam. . . . .

       Virgil. Æneid. iii.

C'est de la physique à la turque. On enseigne au collège des icoglans, que la terre est portée sur les cornes d'un bœuf, et que quand il baisse la tête, c'est la cause des tremblemens de terre.

LETTRE L.

J'ALLAI par terre de Nicolosi à Taorminum, où j'avois envoyé mon amiral m'attendre. J'étois bien aise de juger par mes yeux des campagnes si riches qu'arrose l'Onobla. Ce qu'on m'avoit dit de la fécondité des environs de l'Etna, n'a rien d'exagéré : je n'ai vu que blocs de laves épars au milieu des blés et des vergers ; que vestiges de l'ancienne splendeur de ces fameuses contrées : des fûts, des chapiteaux, des morceaux de sculpture de marbre, encore entiers, servant d'appui à des treilles de vigne ; des balustrades ornant la terrasse d'une guinguette ou l'escalier d'une maison très-simple : peut-on ne pas penser à Denys, maître d'école à Corinthe ? Que de réflexions différentes se présentent à l'esprit ! Ces laves tristes contrastent avec ces épis superbes et ces arbres chargés de mille sortes de fruits ; la nature met la crainte de ses fléaux à côté de la reconnoissance de ses bienfaits. Dans ce rapprochement continuel, le voyageur lit cette

vérité si familière aux Egyptiens, qu'il faut
penser à la mort pour apprendre à mieux
jouir de la vie ; et dans ce même ensemble,
à côté de ces belles ruines,

Dont la vigne flexible et le lierre aux cent mains,
Semblent vouloir cacher ou parer la vieillesse.

DELILLE.

je rencontre la statue choquant également
le bon goût et le bon sens, que la superstition a élevée à ce saint évêque, dont le bras
arrête la lave de 17... prête à engloutir Giar-
dini. La seule chose que je n'aie pas vue,
ce sont les fameux bandits si terribles dans
les relations des voyageurs.

Le moral des Siciliens a un caractère aussi
particulier que le physique de leur pays. Il
est constant que la nature des lieux qu'on
habite, a plus ou moins d'influence sur le
caractère. Les insulaires sont plus fiers et
plus indociles ; les habitans des plaines ont
moins d'énergie que les montagnards ; il
semble que les Siciliens imitent, par leur
dissimulation et leur lente vengeance, la
fermentation sourde et l'explosion de leur
volcan, qui ne s'assoupit que pour se rani-
mer avec plus de fureur. Tous les pays ont

vu éclore des conjurations; mais c'est le Sicilien seul qui pouvoit achever ce complot
formé par le sentiment de l'outrage, fomenté
par le desir de la vengeance, et si profondé-
ment enseveli, quoique confié à cent mille
acteurs, quoique différé pour que les coups
fussent plus sûrs; ce complot qui devoit en-
velopper un peuple entier de conquérans, et
rendre si cruellement fameuses les vêpres
siciliennes. Les Siciliens d'aujourd'hui ont
hérité de la dissimulation de leurs ancêtres.

Un Sicilien fut assassiné; le frère du mort
jura de le venger : le meurtrier prit la fuite.
Son ennemi commença dès-lors, sans affec-
tation, à se rendre plus assidu aux églises,
plus fidèle aux devoirs extérieurs de religion. Peu à peu sa dévotion fut remarquée :
on s'apperçut, avec édification, de ses aumônes, de son recueillement et de sa vie
exemplaire : on le vit communier tous les
mois, toutes les semaines, enfin tous les
jours. Pendant trois ans il fut sans cesse aux
pieds des autels; les moins crédules étoient
touchés de son changement. Enfin un ami du
meurtrier crut pouvoir lui écrire qu'il n'a-
voit rien à craindre, que son ennemi ne
pensoit qu'à faire son salut. D'après des as-

surances pareilles, l'homme revient dans la ville. Le perfide ne l'a pas plutôt vu et reconnu, qu'il fond sur lui en lui disant : *Traître, tu m'as fait avaler un boisseau d'hosties,* et il le poignarde.

LETTRE L I.

Le port de Messine est aussi sûr qu'immense. Lorsqu'on entre dans ce fameux détroit, que l'on voit la violence des courans par un vent contraire, toutes les montagnes qui entourent, qui sont chargées de nuages noirs, et qu'on se rappelle les terribles catastrophes que les prochaines feront oublier, on éprouve un sentiment de crainte. Le dernier tremblement de terre a laissé subsister des belles façades régulières qui environnoient le port, justement ce qu'il en faut pour mieux regretter ce qui a été renversé. Les promenades qui avoisinent le port sont semées de maisons de bois, où demeure une partie des habitans, qui n'osent pas encore se fier à un sol presque tremblant. C'est un contraste bizarre et pittoresque que celui de ces ruines, qui servent de tombeaux à tant de victimes, de ces portes triomphales qui sont restées entières, de ces fontaines jaillissantes, au milieu des places qui ne subsistent plus, de ces statues, de ces ornemens de bronze ou de marbre, de ces voitures élégantes, de ces chevaux, de ces coureurs, monumens de la splendeur passée et de l'effroi présent des Messinois. Le port est protégé par une langue de terre sur laquelle est bâti le château. Messine avant son désastre étoit encore assez commerçante, quoique bien déchue de son ancienne gloire. On voit encore les places où abordoient les vaisseaux de guerre, à la porte, pour ainsi dire, du palais du vice-roi; celle des vaisseaux marchands ; celle des galères. Le malheur a rapproché et confondu les rangs ; la barque du pêcheur mouille au même endroit où mouilloient les amiraux de Louis xiv.

Le gouffre de Caribde subsiste encore. C'est un courant très-rapide qui commence au détroit, et va jusques dans le port de Messine, il change de côté de six heures en six heures ; lorsqu'on le passe au moment favorable il n'y a nul danger. Je dormois quand mon spéronare y a passé.

Mais dans le désastre de la Calabre, le redoutable rocher de Scylla s'est détaché. Il a englouti la ville et quatre cents habitans. Les terribles descriptions des poëtes immortaliseront seules l'effroi qu'il inspiroit aux voyageurs.

Scillam et cœruleis canibus resonantia saxa.

VIRGIL.

Près du fabuleux repaire de ces monstres, on passe sur le théâtre des exploits de Ruyter et de du Quène (1).

C'est là que fut tué le célèbre vice-amiral hollandais, emportant les regrets de sa patrie et l'estime de ses ennemis : son plus bel éloge funèbre sortit de la bouche de son rival.

---

(1) On sait qu'à la bataille de Messine, du Quène appercevant un changement dans la manœuvre du vaisseau amiral qu'il combattoit, dit en tirant sa montre : *Ruyter est mort.*

LETTRE LII.

En quittant la Sicile, on a sans cesse sous les yeux le *Stromboli*, qui jette toujours des feux et des pierres ponces dont j'ai trouvé couverts les rivages de Sicile et de Calabre.

La première ville un peu considérable que j'ai rencontrée, est Tropea. Sa situation sur un rocher à pic et très-élevée; ces rocs énormes avançant dans la mer qui les ronge et les déchausse continuellement, les torrens qui tombent dans les crevasses de ces montagnes, les sources qu'on rencontre à chaque pas au milieu des bois les plus fourrés de mûriers, d'arbres fruitiers et de toute espèce de productions; la fertilité du sommet de ces monts, ces hermitages, ces chapelles répandues çà et là, ces monastères abandonnés (1), rendent les environs de Tropéa aussi

____

(1) Depuis que le roi de Naples a réuni dans d'autres maisons, le petit nombre de moines qui y demeuroient, en destinant leurs gros revenus à des usages plus utiles.

singuliers que pittoresques, et donnent une idée de la richesse du sol de ce pays fameux, connu autrefois sous le nom de grande Grèce. Les tremblemens de terre qu'elle éprouve souvent, les forêts dont elle est couverte, les déserts où sont situées ces montagnes escarpées de l'Apennin, tout porte à croire qu'on foule aux pieds ou qu'on laisse auprès de soi dans ces bois inconnus, les monumens les plus curieux de la grandeur des anciens habitans. *Pestum*, située à un mille de la mer, au fond du golfe de Salerne, à quatre lieues de cette ville célèbre dans les beaux temps de l'Italie, est une preuve de leur antique magnificence. Les trois temples qu'on y voit sont trop élevés au-dessus du sol pour qu'il soit concevable qu'on les ait oubliés pendant si long-temps. Ce sont les monumens les mieux conservés de l'architecture grecque, et peut-être des monumens de l'Italie, si on en excepte ceux qu'on trouve et qu'on trouvera encore à *Pompéïa*. On suit les bords du fleuve *Silarus*, petit ruisseau qui coule parmi des sables brûlans au milieu des buissons de myrtes. Tout inculte qu'est ce pays, on y reconnoît cette fécondité, ce luxe de fleurs qui rendoit si célèbres *odorata rosaria*

Pesti (1). Ces temples sont plus vastes que celui d'Isis à Pompéïa. Les troupeaux paissent aujourd'hui sur les autels où on les égorgeoit.

Ce qu'on a dit des temples de *Pestum* est à-peu-près exact : mais je ne crois pas que la rotonde à moitié ruinée, qui se trouve devant, et dont la destination est incertaine, soit, comme on le dit, un amphithéâtre. Ils étoient ovales, et *Pestum* étoit une ville grecque ; on sait que les grecs n'aimoient point le genre de spectacles auxquels ils étoient affectés. Ce qu'on prend pour les loges des bêtes ressemble plus à des conduits d'eau, je croirois plutôt que ce sont les restes d'une conserve d'eau qui en fournissoit à la ville ou aux temples.

J'ai laissé sur la droite Salerne, et les fameux préceptes de son école ; Minturnes qui m'a rappelé Marius, les marais qui lui servoient d'asyle, et le soldat cimbre. Il étoit minuit quand je suis passé entre l'île de Caprée et le cap de Minerve. Je découvris dès-lors par degré le golfe de Naples, depuis *Sorrentum* que je laissois à ma droite, ainsi que ses montagnes qui fournissoient la neige

---

(1) Propert. Eleg. lib. III.

aux Napolitains; Castellà Mare, Stabia, Pompéïa, Portici, la ville de Naples qui s'élève
en amphithéâtre, ayant à sa droite la côte
délicieuse de Pausilippe, dont le cap termine
le bassin; le Vésuve enfin, dont la bouche
vomissoit des flammes tandis que la lave
qui couloit ceignoit ses flancs noirs d'une
écharpe de feu, achevoit d'animer ce tableau.

LETTRE LIII.

Sɪ l'on cherchoit un emplacement digne de Rome, de Babylone ou de Palmyre, on choisiroit celui de Constantinople : mais c'est à Naples qu'on rebâtiroit Sybaris. Naples s'élève en amphithéâtre au fond d'un golfe dont les bords sont couverts de petites cités et de maisons de plaisance, depuis le cap de Minerve, à l'extrémité de la côte de Sorrente, jusqu'aux coteaux de Pausilippe, qui séparent le golfe de Naples de celui de Baïes. La mer n'est là que pour embellir le paysage : l'île de Caprée termine le bassin et interrompt cette majestueuse monotonie qui mêle une idée de crainte à une idée d'immensité. Les charmes de la nature étourdissent ici sur les dangers inévitables dont on est environné : elle couvre de fleurs les abîmes où la mort fermente sous les pas, sur les têtes des Napolitains. Les entrailles de la terre sont enflammées : par-tout le sol est brûlant : ce ne sont que soufres, qu'eaux chaudes, qu'étuves naturelles, indices continuels de volcans éteints, ou prêts à éclater. Ici une montagne est née en quarante-huit heures. La délicieuse Baïe, bâtie aux bords de son golfe, est enterrée sous un coteau : les restes qui ont survécu au bouleversement combattent encore le temps et la mer. Au milieu des laves du Vésuve il y a des habitations. Je vois par-tout le mélange de la cupidité intrépide et superstitieuse qui sculpte des saints Janvier sur toutes ces portes, et cueille, sur la lave refroidie, les premiers fruits de sa fécondité. Les dangers avertissent l'homme que l'univers n'est pas fait pour lui seul : mais la nature lui a fait don de deux préservatifs contre un mal nécessaire, l'habitude et l'espérance : elles remettent en mer le pilote naufragé; elles ont rebâti Lisbonne et Lima : elles relèveront peut-être une troisième fois Messine, qui sort aujourd'hui de ses débris.

J'ai sous les yeux un tableau digne de servir de pendant à ce fameux paysage du Poussin. Il est nuit; une superbe promenade au moins pour la vue, est illuminée le long de Chiaïa :

je n'entends que des violons (1), des chants, des cris de ces essaims d'hommes, à moitié nus, qui vivent de rien, afin de vivre pour ne rien faire ; aussi nombreux qu'oisifs, aussi turbulens que dangereux, dont l'espèce singulière est connue sous le nom de lazzaronis. La mer est à mes pieds. De dessus cette terrasse je regarde cette mer ; elle est calme : la tempête est sur la terre ; elle est dans les entrailles de ce volcan si voisin d'elle. Parmi des vagues de flamme sont lancés des blocs énormes devenus de feu : des éclairs s'échappent de ce nuage terrible ; d'intervalle en intervalle il s'élève, il retombe avec l'explosion du tonnerre dans la bouche qui l'a vomi, ou ce qui n'y retombe pas couvre de mille rocs enflammés, les flancs brûlés de la montagne ; tandis que le

---

(1) Naples est la terre de l'harmonie : quand le Napolitain parle, il a l'air de chanter ; s'il gesticule, il danse. C'est une des raisons qui rendent les Italiens bons dans le comique, et mauvais dans la pantomime. Leur vie est une pantomime continuelle : en jouant, ils ajoutent à leur naturel, et ils sortent de la vérité ; on diroit que les animaux eux-mêmes partagent cette propriété harmonique : car les meilleures cordes d'instrumens se font à Naples.

L. T

fleuve de feu coulant du sommet sans inter-
ruption, charrie la lave en fusion dans un
lit d'un demi-mille de largeur. De dessus la
lave qui couloit la veille, qui fume encore,
qui laisse voir le feu qu'elle recèle en son
sein, vous touchez celle de la nuit même qui
traverse dans son cours les jardins, les
champs, les routes, les couvens, les palais,
et s'arrête à peine à la mer.

Ce phénomène si terrible et si beau inspire aux étrangers un sentiment d'inquiétude que ne partage pas le Napolitain. Le
Vésuve en éruption le rassure au lieu de
l'effrayer. On craint beaucoup plus quand il
y a eu un long intervalle entre une éruption
et une autre : les matières volcaniques cherchant à rouvrir ce cautère et éprouvant
trop de résistance, causent alors par leur
fermentation sourde, ces tremblemens de
terre, ces pluies de cendre, et toutes ces
secousses violentes qui ont brisé tant de fois
la croûte peu épaisse qui sépare ce pays-là
du néant.

Si Naples et ses environs gagnent à être
regardés, ses habitans y perdent. La populace napolitaine semble la lie de toutes les
populaces. Le gouvernement, les loix, l'in-

fluence monacale, font du peuple de Naples le peuple peut-être le plus fripon, le plus superstitieux et le moins aisé à contenir. Il faut pour le flatter, pour le gagner, pour l'amuser, d'autres moyens que chez tout autre peuple. Quelle idée aura-t-on d'un gouvernement où la capitale est si démesurément peuplée aux dépens des contrées les plus fertiles, qu'on ne rencontre que quelques villes et de misérables bourgades, depuis Naples jusqu'à Reggio, depuis Bénévent jusqu'à Brindes? Au lieu de diviser et de répandre sur la surface de l'empire cette tourbe dangereuse de quarante mille fainéans, on ne s'occupe qu'à prévenir les excès où elle peut se porter. Il y a bien peu d'états où l'on ait attaqué la racine du mal plutôt que combattu ses effets. Quelle autorité que celle qui, continuellement compromise, est obligée de composer avec la multitude! Cette populace, à qui les logemens sont inutiles sous le ciel le plus doux, a de légers vêtemens, qui ne lui coûtent guère et qui durent beaucoup, ceux qui les portent étant la moitié du jour dans l'eau. Depuis Mazaniello, et peut-être avant, cette multitude reconnoît un chef très-ménagé du gouvernement, qui est en relation avec lui, et jouit de la plus haute faveur parmi ce peuple. Ce roi des halles se nomme aujourd'hui Sabatiello. Il est instruit de tous les vols, crimes, délits qui se commettent de la part des lazzaronis. L'excroquerie n'est pas le caractère distinctif de ces excès ; la bassesse, la trahison, la violence respirent dans leurs discours comme dans leurs actions. *Mò sei occiso; un schiaffo di temone in petto*, sont pour eux des expressions aussi familières que *magnare, buscare, denari*. Comment ne seroient-ils pas voleurs ? Y a-t-il long-temps qu'on a supprimé ces étranges fêtes appelées Cocagnes, où la récompense et la gloire étoient le prix du voleur le plus adroit et le plus intrépide? Consacrer ainsi le vice dans des jours solemnels, n'étoit-ce pas y vouer la populace le reste de l'année. Aux Cocagnes ont succédé les promenades de la rue de Tolède : on s'y promène en chars et masqué pendant certains jours du carnaval. Le piquant de ce délassement est de jeter des poignées de dragées aux gens qu'on croit reconnoître. Le roi de Naples ne manque pas une de ces fêtes : c'est un des princes les plus accessibles qui aient jamais occupé le trône.

Sa grande familiarité lui réussit à merveille auprès des lazzaronis. Son caractère le sert bien mieux auprès d'eux, que ne feroit sa politique. Il aime beaucoup la pêche et la chasse, et vend son gibier et son poisson. On m'a assuré qu'il s'en falloit de beaucoup qu'il le donnât, le pesant lui-même en le tirant du bateau, au lazzaroni, très-content de l'acheter de la main du roi. Ce qu'on dit ici du roi de Naples, ne détruit pas ce qu'on a rapporté de son affabilité : il passe pour avoir le cœur droit et un esprit naturel assez juste : avec d'autres instituteurs, et mieux entouré sur-tout, il eût beaucoup mieux valu. Ce sont ses manières qui lui attirent l'estime et le cœur des lazzaronis ; mais cet amour sera un foible lien, si les accens de la liberté dont ils ne connoîtront peut-être ni le sens ni le prix, franchissant le sommet des Alpes, viennent frapper une fois leurs oreilles oisives. Il n'y a pas eu de séditieux à Naples qui ne se soit vu un grand parti : c'est un foyer de matières combustibles qui n'attendent que l'étincelle.

Le Napolitain, plein de superstition et de religion extérieure, une main sur la relique qu'il a sur la poitrine, et l'autre dans la poche de l'homme qui ne s'en défie pas, vole dans l'église, ou en sort pour aller voler. Tout le monde sait que le jour de la liquéfaction du sang de saint Janvier, si le miracle qu'ils exigent un peu grossièrement est lent à s'exécuter, les Napolitains invectivent leur patron : mais où il faut les suivre, c'est sur le pont de la Madeleine, lorsqu'ils ont obtenu le transport de la châsse, pour qu'une éruption du Vésuve cesse. S'ils n'apperçoivent pas un effet sensible de l'intercession du saint, les *faccia di ca....*, *faccia tosta*, *faccia bruta*, pleuvent sur lui de toutes parts; on le rapporte, n'ayant gagné que des injures à avoir succédé à saint Gaétan, tombé parmi le peuple dans le discrédit qui attend saint Janvier, si on le met long-temps à de si fortes épreuves.

Pour juger de l'esprit superstitieux des Napolitains, il ne faut que voir leurs églises et leurs promenades. Dans les places publiques, le peuple s'attroupe à un concert de calabrois, aux tréteaux d'un vendeur de drogues, au tonneau d'un prédicateur, dont la première charrette vient séparer l'auditoire. A Giesu-Nuovo, à Saint-Philippe-de-Neri, je vois une vingtaine de confession-

naux qui ne désemplissent pas : on se croit à
Paris du temps de la comète.

C'est par une suite de cet esprit, qu'une
grande partie des richesses du pays coule
dans les maisons religieuses, soit par les
possessions immenses des moines, soit par
les donations qu'on leur fait. Le gouvernement cherche un écoulement à l'or qui crou-
pit dans ces saints dépôts. Il a taxé dernière-
ment la chartreuse de Saint-Martin, à un don
gratuit annuel de vingt-quatre mille ducats.
Le couvent en a tiré une vengeance assez
inégale, en ôtant de sa salle les portraits du
roi et du cher Acton, qui y étoient placés.

LETTRE LIV.

Naples.

LES rues de Naples, pavées de larges dales de laves, très-sèches par la rareté des pluies, sont couvertes de voitures. L'affluence de ce peuple, ces chars qui volent, ces larges rues sans trottoirs, montrent qu'on ne compte pas les hommes pour beaucoup. Les conducteurs de ces petits fauteuils suspendus, où l'on ne tient qu'un, et qui ne sont traînés que par un seul cheval, vont avec une vîtesse effrayante; le *calessier* traverse impunément ces flots de peuple en criant : *lavora, lavora*. Où tout cela va-t-il ? Cette calèche attelée d'une mule; ce carrosse où je vois deux prélats bien gras, bien frais, bien endormis ; cette voiture que précèdent deux volans, le bâton blanc à la main, s'il est sept heures du soir, s'acheminent vers la côte de Pausilippe. Plus paresseux que les Turcs, les Napolitains ne vont presque ni à pied, ni à cheval. Moitié penchant, moitié mode, c'est en voiture qu'on les voit chaque jour venir jouir, sans fati-

gue, de l'air frais, de la vue délicieuse que
la terre, la mer, la ville, les campagnes, rap-
prochées dans le même cadre, leur offrent
au bas de la côte de Pausilippe. La vanité
vient mêler sa jouissance à celles que la nature donne avec une égalité que les hommes
n'aiment nulle part. Dans un joli phaéton,
dans une diligence élégante, un Napolitain
étendu vient regarder, avec l'indifférence
que donne l'habitude, ou les rians coteaux
de Pausilippe, ou sa mer, ou son volcan,
qui tous les deux, tantôt tranquilles, tantôt
furieux, semblent mis à côté l'un de l'autre, pour concourir à ses plaisirs comme ils
concourent à ses richesses de deux façons
différentes : deux coureurs, deux hussards,
autant de valets hissés derrière une voiture,
avertissent le peuple que c'est une altesse ou
une excellence qui vient respirer le même
air que lui; et peut-être la nuit prochaine,
une seule secousse prolongée jusqu'à eux,
par leur terrible voisin, fera sortir du palais
et de la maison l'altesse et le plébéien : sans
coureurs, sans attelages, sans vêtemens, le
prince comme l'homme du peuple, lèvera
les mains au ciel avec la même égalité de
crainte, la même égalité d'impuissance !

Si l'on pouvoit exister autre part que dans sa patrie, Naples seroit au premier coup-d'œil le pays qu'on préféreroit pour séjour. A ne regarder que les faveurs de la nature sur ce climat, que le peu de besoins qu'elle laisse au peuple comparés aux ressources qu'elle lui offre; à ne voir que ces champs couverts d'ormes, de peupliers, de platanes, où la terre qu'ils ombragent, couverte de bleds, de chanvre, de maïs, unit un luxe utile à un luxe d'agrément, l'ame jouit autant que les yeux. Un pays aussi riche offre une nourriture abondante et facile; le spectacle de l'indigence ne donne ni trouble, ni regret : la fainéantise en doit être la seule cause. C'est le pays fait pour les gens sans passions, et dont l'esprit calme aime les idées douces. L'auteur de la Callipédie y eût envoyé les femmes grosses.

Quand on a fait quelque séjour à Naples, on peut desirer d'y revenir, mais non pas de s'y fixer. L'existence un peu trop précaire de ce pays est une cause d'inquiétude; mais le moral des habitans seroit une cause d'éloignement. Ici on ne peut comparer le nombre des gens qui vivent aux galères qu'à ceux qui sont enchaînés dans les prisons. Naples fait part aux Maltois de ce genre de richesse; et les galères de la religion se remontent souvent du superflu du roi des Deux-Siciles. Ce n'est pas que les habitations manquent : le château de Passaro en Sicile, les îles de Ponce au-dessus du golfe de Gaëte, offrent des asyles aussi sûrs qu'affreux et mal-sains : d'honnêtes gens n'y vivroient pas six mois. Croira-t-on que dans un pays où les loix semblent d'accord avec leurs interprètes pour sauver les coupables du châtiment, où l'on commue presque toujours la peine de mort, le criminel à qui on laisse le choix d'être soldat ou d'être aux galères, préfère souvent la chaîne ? Qui doit rougir du criminel ou du juge ? ou quels doivent être ces corps militaires où des scélérats même ne veulent pas entrer ! La connivence de la loi se joint à la connivence publique pour pallier les forfaits. Aussi en voit-on de tous les genres. Il n'y a pas un an qu'un fils tua sa mère sur la côte de Sorrente. Aux dernières fêtes de Noël un homme suivit sa femme qui entroit dans une église, accompagnée de sa sœur. Toutes les femmes se ressemblent par les mantes noires qui les enveloppent ; il prit l'une pour l'autre et donna un coup de couteau à sa sœur : s'appercevant de sa méprise, il en donna un second à sa femme. La scène se passoit dans l'église, le théâtre ordinaire des rendez-vous, des vols, et des assassinats. La foule s'empressa de favoriser l'évasion du coupable. On sembloit le plaindre du crime dont sa conscience étoit chargée, plutôt que les victimes de sa lâche vengeance. C'est peut-être ici moins pitié que calcul. Chacun veut être aussi heureux le lendemain. C'est par des raisons de la même espèce que les rues de Naples ne sont point éclairées. M. de Caraccioli avoit fait mettre des réverbères dans la rue Sainte-Claire : on les a ôtés à sa mort.

Deux fameux témoins à Naples coûtent quatre carlins. J'ai connu un homme qui avoit un procès à la chambre royale. Il réclamoit une somme qu'il avoit prêtée à un officier des écuries du roi : le débiteur protestoit qu'il avoit payé sur la place du palais ; et que le créancier ayant une affaire très-pressée, étoit parti sans lui rendre son billet. Un prêtre, et je ne sais quel homme de loi, osoient soutenir un mensonge si invraisemblable.

Tout se vend, tout s'achète ici : ce qui

n'est pas écrit est nul, et avec ce qui l'est
on peut encore voir. Hôte, valet de place,
calessier, cicerone, tous les voyageurs sont
leurs dupes plus ou moins ; il n'y a que la
façon de différence : ils ne sont pas choqués
de ce qu'on se défie d'eux, de ce qu'on le
leur témoigne. Comment un valet ne vole-
roit-il pas ? avec six ducats par mois il est
payé tout compris, et le ducat ici ne vaut
que quatre francs. Sur la foi des voyageurs
j'ai cru en arrivant à Naples qu'on y vivoit
pour rien, et que sur-tout je n'y verrois
pas, comme à Vienne, des valets venir chercher le prix du dîner que vous avez fait
chez leur maître. Mais depuis M. de Lalande,
la valetaille napolitaine s'est apparemment
formée. Ce pays mérite sans contredit les
éloges qu'on en fait : mais on ne peut pas
dire que la vue n'en coûte rien.

LETTRE LV.

Voici quelques notions sur l'état militaire
du royaume de Naples. On a une idée de la
formation d'une partie de l'armée par ce
qu'on a vu plus haut, relativement aux cri-
minels. Il n'y a plus que du désagrément à
commander à une lie pareille : aussi les
grands seigneurs en général servent-ils aussi
peu à Naples qu'à Vienne, mais par une autre raison. L'armée napolitaine est de seize
régimens d'infanterie, de huit de cavalerie,
de deux régimens d'artillerie. Ces deux derniers forment dix-huit cents hommes, en y
comprenant une compagnie d'ouvriers : le
tout faisant au plus vingt mille hommes.
Chaque régiment a un colonel, deux majors,
un capitaine, un lieutenant, et un alfiere.
Un officier doit le premier quart de ses ap-
pointemens à la secrétairerie pour son brevet.
L'artillerie vient de naître, par la comparaison de son état présent à son état ancien. La
France envoya à Naples il y a quatre ans,

des officiers, des bas-officiers, et des ouvriers tirés du corps des mineurs et d'artillerie, pour former les Napolitains qui ignoroient même l'usage de quantité de pièces de leur arsenal, dont on leur avoit fait des présens fort peu dangereux.

Toutes les troupes sont sous les ordres du commandant-général. C'est à présent le marquis *Arezzo*, homme d'environ quatre-vingts ans. A la cour de Naples il est rare qu'on ne meure pas dans le ministère ou dans le généralat : le prince d'Yaci, prédécesseur du marquis Arezzo, commandoit de sa chaise longue : celui-ci ne sort jamais sans avoir son confesseur à ses côtés, excepté lorsque des occasions rares demandent que trois écuyers le mettent à cheval.

La marine est à-peu-près dans un état aussi florissant. Elle consiste en trois vaisseaux de ligne, six frégates, six corvettes, quatre chebecs : cette flotte n'empêche pas les corsaires barbaresques d'infester les côtes de Sicile et de Calabre : les marins napolitains invoquent au premier coup de vent Santo-Gennaro, et toutes le madones d'Italie ; le Ruggiero, vaisseau de cent-vingt canons, brûla en 1787, le jour de

Noël, parce que tout l'équipage étoit à la messe. Voilà ce qu'en cas d'événement j'ai recueilli de plus rassurant pour nous sur l'armée de mer napolitaine, et sur celle de terre, à qui le comte de *Games* fait faire à Capoue l'exercice à la prussienne.

Le commerce se faisoit autrefois à Naples par le moyen de quatre ou cinq maisons au plus. Il y avoit des négocians très-riches, il n'y en a plus; la raison en est simple. Cela ne vient pas de ce que les objets à importer ou à exporter ne sont pas assez abondans, mais de ce que les canaux sont en trop nombreuses ramifications. Les petits négocians de Naples n'alloient pas autrefois plus loin que Livourne: trois ou quatre maisons de commerce recevoient seules les marchandises de Marseille et d'Angleterre. A présent les négocians français ont fait avec les Napolitains comme ils ont fait avec les petits négocians de l'intérieur de la France. Le commerce a vu ses branches subdivisées aux dépens des rentrées. C'est ainsi que Marseille perd au-dedans comme au-dehors. En cessant de s'adresser exclusivement à des maisons solides, elle a augmenté l'espoir des profits, mais les a diminués réellement.

Telle marchandise reçue à Nantes étoit distribuée à Orléans, dans l'Anjou, etc. A présent les négocians les moins connus, font des commandes à Marseille, dont on est dupe. Ce qui n'arrivoit pas lorsque les grosses maisons de commerce servoient d'entrepôts, parce qu'elles avoient sous les yeux les trafiquans auxquels elles fournissoient, et dont elles connoissoient les facultés. Le commerce étoit plus lucratif, puisqu'il étoit plus sûr; à présent l'avidité est dupée par la friponnerie. C'est ainsi que tous les petits négocians de Naples font de toutes parts des commandes, parce que notre change perd ici dix-huit et vingt pour cent. Il ne faut pas prendre cela pour un état brillant : c'est de la bouffissure que suivra le marasme. Ces petits commerçans achètent par spéculation. Naples ne consommera pas plus; et comme ils ne paient qu'après avoir vendu, ils paieront tard, ou feront banqueroute. Les franchises accordées à la France font aussi plus de tort que de bien à son commerce. Elles favorisent le cabotage, à la faveur duquel abordent toutes les marchandises de la plus mauvaise qualité. Le commerce concentré en moins de mains, seroit plus sûr et plus honorable. La suppression des franchises entraîneroit le danger des visites. Sur d'aussi petits bàtimens dont il arrive à-peu-près cent soixante à Naples par année, relàchans ou cabotans, on seroit trompé ou volé bien souvent dans un pays aussi fripon.

LETTRE LVI.

Naples.

Je ne referai pas la description très-connue des édifices de Naples, de ses églises et des tableaux qu'elles renferment. Je les ai parcourus Cochin à la main; la seule chapelle du palais San-Severo, me permet d'offrir quelques remarques neuves, ou du moins que je n'ai vues nulle part. On y connoît le Christ mort, le *Disinganno*, et cette femme voilée qu'on dit être la pudeur. Dans l'intérieur du palais on voit deux squelettes parfaitement injectés, et qui laissent distinguer les muscles, les veines et les artères par des nuances très-vraies. L'intérieur du cerveau se reconnoît dans toutes ses parties. Il s'ouvre avec des charnières d'argent : toute la charpente du corps est aussi fixée par des fils du même métal. Dans une pièce voisine il y a d'assez mauvais tableaux de Bélisaire, devant lesquels on vous arrête : ce sont des faits et gestes de la famille, depuis un comte de San-Severo qui arrive en Italie en 920, avec je ne sais quel prince qui avoit des droits sur le royaume de Naples, et les costumes sont espagnols comme au temps de Charles-Quint. Les connoissances historiques du peintre étoient en défaut ; mais l'esprit monacal n'y est jamais. Un de ces tableaux est destiné à perpétuer la mémoire des donations qu'un San-Severo ajouta à celles faites par ses ancêtres à l'abbaye du Mont-Cassin, après avoir vu le feu du ciel foudroyer la lance qu'il avoit à la main. Les moines l'assurèrent que c'étoit un avertissement d'être plus libéral à leur égard.

Depuis quelque temps on a transporté au château de Capo di Monte, la plus grande partie des objets précieux qui étoient à la Farnésine à Rome. Toutes les relations ont parlé de la rare collection de vases étrusques, de médailles, de pierres travaillées qu'on y voit. Chacune de ces partiesmériteroit un temps qu'on ne regretteroit pas ; mais toutes ces richesses rassemblées au même lieu se nuisent pour ainsi dire : l'œil s'accoutume à l'opulence, et l'on se fatigue à admirer. Quand on a vu un superbe tableau on ne l'oublie plus : j'ai encore sous les yeux la Danaé du Titien. On parle beaucoup de la Vénus d'Annibal Carrache, mais elle dort. Danaé doute si elle veille ; le desir et la crainte sont exprimés dans ses yeux. Il y a un portrait d'un pape, qui est d'une nature bien vraie : le velours de ses vêtemens est un peu rapé ; mais il est si naturel, qu'on pardonne au peintre d'avoir fait du pape Léon x un vieil avare. Le Jugement dernier de Michel-Ange est d'un autre effet: il est peint snr bois ; mais le bonheur des justes est un peu contemplatif : le bas du tableau figure *l'abomination de la désolation.* Une page de l'apocalypse inspire un tout autre effroi.

On va à Giesu-novo, à saint-Philippe de Néri, à l'Annunciata, voir la main gauche de saint François, la tête de saint Alexis mourant, l'Héliodore de Solimène, et les Vendeurs chassés du temple, de Lucas Giordano; mais ces beaux morceaux de peintures, quoique faits pour les places, se trouvent l'un et l'autre bien désagrablement coupés par la porte de ces églises : l'entrée semble avoir été taillée à travers le tableau qui se prolonge en languettes des deux côtés.

Si on veut voir quelque chose de ridicule, ce sont les trois quarts des colonnes qui sont au milieu des places ; ce sont les ornemens de la plupart des façades d'églises.

Dans l'église de Saint-Janvier-des-pauvres, on trouve une des quatre entrées des catacombes. En y allant à la même heure que j'y suis allé, on a deux spectacles pour un. Un prédicateur y jouoit un sermon dans le moment : je dis jouoit, car un diable dans un bénitier ne seroit pas plus agité. Enveloppé dans ses surplis et ses étoles, sa voix, ses gestes, toutes ses postures qui varioient à chaque minute, lui donnoient tout l'air d'un exorcisé. La porte des catacombes s'ouvrit, et je fus obligé de laisser là ce possédé évangélique.

Les catacombes sont creusées dans le tuf : c'étoient probablement des carrières dont on a fait ensuite des sépultures. Quand les chrétiens ont été persécutés, ils ont profité de ces asyles souterrains pour y pratiquer clandestinement leurs actes de dévotion et leurs cérémonies religieuses. Je crois facilement que chez les païens même, les catacombes servoient aux sépultures. Beaucoup de peuples, sans être chrétiens, avoient des

Lieux secrets où ils déposoient les corps que nous enterrons (1).

---

(1) Je ne sais pas si c'est effectivement le tombeau d'Homère qu'on a enfin découvert dans l'île d'Ios, comme on le prétend d'un sarcophage de quatorze pieds de long, et de quatre de large composé de six pierres sur l'une desquelles est une inscription grecque. Le squelette a été trouvé assis dans l'intérieur, attitude remarquable; car c'est ainsi que sont représentées sur la plupart des pierres sépulcrales les personnes qu'elles couvroient. Cette circonstance prouve aussi que l'usage de brûler les morts n'étoit pas non plus général dans la Grèce.

LETTRE LVII.

Naples.

Depuis Dutens jusqu'à Roland, qui n'étoit pas encore homme d'état, assez de voyageurs ont donné des détails économiques et topographiques sur les environs de Naples, et la manière de les parcourir. Un itinéraire de plus seroit inutile; une différence de quelques carlins pour une calèche, seroit d'un petit intérêt : tout le monde voyage à-peu-près de même; on ne diffère que par la manière de sentir et de voir. C'est une allée de jardin que la route de Naples à Caserte. La vigne, entrelacée aux arbres, présente aux yeux une treille continuelle : j'admirois cette belle nature, quand je demandai à quoi servoient ces guérites qu'on rencontre à chaque demi-mille : on me dit qu'on y plaçoit des sentinelles quand la cour étoit à Caserte. Ici l'affluence appelle et favorise le malfaiteur. De beaux sites devroient donner des mœurs douces; mais il n'est que trop vrai que la nature offre elle-même de riants paysages ou d'arides déserts. L'homme y est sur un champ de bataille : sa vie n'est qu'un état de guerre. Dans la société, on déchire; dans le commerce, on trompe; sur le grand chemin, on assassine. Dans ses plaisirs même, il faut à l'homme un aliment à son instinct malfaisant : dans un cercle ou sur le théâtre, on rit toujours aux dépens de quelque victime; et par-tout où les hommes se rassemblent pour s'amuser, d'autres hommes, la baïonnette au bout du fusil, leur commandent de ne pas se nuire. Je pensois que si l'homme est un petit monde, chaque homme est une petite puissance; je retrouvois sans cesse une guérite : que Dieu fasse paix au bon abbé de Saint-Pierre !

Avant d'arriver à Caserte, on voit un aqueduc de Van-Vitelli qu'on peut encore trouver beau après avoir vu ceux de Justinien, près de Constantinople. Mais ce qui m'a le plus frappé à Caserte, ce n'est ni l'extérieur du palais, ni les beaux marbres dont les murs, l'escalier, sont ornés avec perfection, ni les cascades assez mesquines qu'on vous mène admirer à travers des jardins très-peu remarquables; ce qu'il y a de vraiment intéressant, c'est la position de cette maison de plaisance. D'un côté, on voit le Vésuve, sans le craindre, dès que la nuit paroît; l'éloignement assourdit le bruit effrayant de ses explosions ; on ne voit de Caserte que les gerbes de feu ; on les prendroit pour le bouquet d'un superbe feu d'artifice : le jour on domine sur les plus riches campagnes, couvertes de mûriers, d'oliviers, d'habitations ; et le champ le plus vaste s'ouvre aux méditations et aux souvenirs, quand l'œil embrasse de-là, sous le même horizon, dans la même plaine, Cannes, Capoue et les Fourches Caudines.

LETTRE LVIII.

Naples.

Au bout de Chiaïa, se trouve le chemin couvert qui traverse la côte de Pausilippe : l'excavation a bien quarante pieds de haut sur trente de large : sa longueur est bien de quatre cents toises. Le jour, qu'on y a prolongé des deux côtés le plus qu'on a pu, n'éclaire pas, à beaucoup près, le milieu de ce souterrein ; et si l'on veut songer qu'il sert de communication à Pouzzols et toute cette partie du pays, on se fera aisément une idée du désagrément qu'il y a à traverser cet antre au milieu des calèches, des charrettes, des mules, des chevaux, des hommes et des femmes qui viennent vendre leurs denrées : et par-dessus tout cela, les cris les plus discordans et la poussière la plus épaisse. Mais les ténèbres se dissipent peu à peu, le jour s'apperçoit, et avec lui se remontre cette scène toujours ravissante des plus délicieux paysages. Telles sont les charmantes routes qui conduisent au lac Agnano, à l'Acqua di

Pisciarelli, dont les bains chauds sont très-bons pour les maladies cutanées. Après avoir vu l'Astruni, les étuves de San-Germano et la Grotte du Chien, on reprend la route de Pouzzols, et on monte à la Solfatarre. La bouche de l'ancien volcan qui fournissoit du sel ammoniac, ne donne plus depuis quatre ans qu'une eau chaude qui a la propriété de guérir le mal français, m'a dit le Cicerone en m'ôtant son chapeau.

De la Solfatarre on descend à Pouzzols où on voit les restes du pont de Caligula ; le piédestal d'une statue de Tibère, trouvé en 1695, placé au milieu de la ville ; les débris du temple de Sérapis dont il y a encore trois colonnes sur pied ; et l'amphi-théâtre un des mieux conservés qui existe : il a trois quarts de mille de circuit ; les murs sont en mattoni, revêtus de marbre et de ces ouvrages en lozanges qu'on appeloit *opus reticulatum.*

Pouzzols est sur le golfe de Baïes, du côté opposé au cap de Misène. En remontant vers cette pointe, on arrive à l'*Arco Felice*, sous lequel passoit la fameuse voie Appienne qui alloit jusqu'à Brindes. Au-dessus de l'Arco Felice est la montagne de Cumes, d'où l'on découvre tout l'emplacement de cette ville qui fut si grande, et qui étoit une des plus anciennes de l'Italie.

Lorsque je voyois de ce sommet l'Aché-ron, les Champs-Elysées, et à trois lieues la tête de ce Vésuve fumant, d'où couloient des fleuves de feu, je croyois au Phlégéton et aux fables de la mythologie dont ce pays a été le berceau ; mais en lisant les terribles et magnifiques descriptions du sixième livre de l'Enéide, mon imagination embrassoit vingt lieues d'espace ; et quand mon œil la forçoit à se resserrer dans une aussi petite enceinte, je croyois que la nature avoit imité Virgile : je me trouvois dans un de ces prétendus jardins anglais, où on fait d'une rigole le saut de Niagara, et d'un misérable rocher le promontoire de Leucade.

L'avenue de la grotte de la Sibylle n'an-nonce point l'antre d'une sorcière ; elle se trouve aujourd'hui au milieu d'un jardin : ou plutôt les figuiers, les raisins, les fruits, les fleurs qu'on rencontre à chaque pas, font de tout ce pays un vaste jardin. L'antre a près de quatre cents pas de long sur quatre ou cinq pas de large. A une trentaine de pas de l'entrée, sur la gauche, est un corridor étroit taillé dans le roc aussi, et qui conduit à un réduit très-humide à présent. Il seroit diffi- cile d'en déterminer l'usage : il est probable que cette grande excavation étoit une com- munication de Cumes à Pouzzols. Dans tous les pays où les Romains ont été, ils ont laissé beaucoup d'ouvrages de ce genre. On en voit dans plusieurs endroits de la France et de la Suisse. Tous ces chemins, aqueducs, et autres restes de constructions romaines, ont une solidité vraiment admirable. Les maîtres du monde ont triomphé du temps comme des nations. Tout répondoit chez eux à ce caractère de grandeur qui devoit éterniser leurs ouvrages comme leurs noms. L'art dans leurs mains surpassoit la nature. Ce tuf vif a opposé vainement aux injures de l'air sa solidité naturelle; il est altéré et dé- gradé par-tout : tandis que ces lozanges de pouzzolane qui l'encadrent, sont aussi en- tières que si elles sortoient des mains de l'ouvrier.

Cette réflexion revient à chaque pas que l'on fait sur cette côte fameuse, où les plus riches de Rome avoient leurs maisons de plaisance, sur-tout quand on regarde les dé- bris de ces deux cents et tant de bains qui faisoient de Baïes le Spa des Romains ; ceux de cette immense conserve d'eau, connue sous le nom de *Piscina mirabile* ; ceux de ces temples de Mercure, de Vénus, et de ce reste d'architecture antique qu'on appelle chambre de Vénus, où les paysans serrent aujourd'hui leurs futailles. C'est de toutes ces antiquités le morceau le mieux conservé : la voûte est ornée de sculptures qu'on vous vante beaucoup, et qu'on vous montre avec un flambeau de résine au bout d'un roseau de quinze pieds. Il noircit le plafond d'une fumée très-épaisse, ce qui fait que bientôt à force d'y regarder on n'y verra plus rien.

L E T T R E   L I X.

Pompéïa.

Sur la route de Naples à Castell'amare, après avoir traversé Torre del Græco, et Torre dell'Annunciata, au-dessus desquelles s'élève le volcan qui les engloutira, on arrive à Pompéïa. On a trouvé cette ville peu après Herculanum. Il n'en a pas fallu moins pour accorder les géographes sur sa position. Le tiers de la ville est absolument découvert; on moissonne et on vendange encore sur l'autre. Cependant c'est en 1755 que l'on a commencé les fouilles de Pompéïa. Si Louis XIV les eût fait faire, il y a long-temps que ces précieux monumens seroient exhumés. Est-il concevable qu'on ne pousse pas avec plus d'ardeur des travaux qui, malgré la lenteur et la négligence des efforts, ont eu de si beaux succès? Tous les détails nouveaux qui regardent cette ville à moitié ressuscitée, sont du plus grand intérêt.

On entre par le quartier des soldats, qui

est dans le bas de la ville : il communique au théâtre par un escalier. Le théâtre découvert est en fer à cheval ; il y a dix-huit rangs de gradins ; les premiers sont en pierre et les autres en bois. Il a, dit-on, cent quatre-vingt-quinze palmes de diamètre : il y a à côté un théâtre couvert qui servoit peut-être aux répétitions.

La principale rue de Pompéia a des trottoirs ; chaque trottoir a un pas et demi de largeur, et le pavé en a cinq. Toutes les maisons en sont distribuées uniformément dans l'intérieur : il y a une grande ressemblance à cet égard avec celle des Turcs à Constantinople. Il y avoit peut-être aussi à Pompéia des rues affectées exclusivement aux marchands. On y a trouvé dans la plupart des buffets en gradins pour exposer les marchandises, et un tronc de bronze pour la recette. Ces maisons n'ont qu'un étage, deux sorties, et des coulisses pour les fermer. Les poids et les mesures qu'on a trouvés dans l'une de ces maisons l'ont fait prendre pour la douane. En face de l'endroit qu'on a cru être un *Venerium*, à cause du Priape qui est sculpté sur la porte, il y a une boutique d'une autre espèce ; je ne sais pas ce qu'on y vendoit : il falloit que ce fût une sorte de café public; car sur l'appui de marbre qui sert de mur on distingue la marque des tasses imprégnée dans la pierre. C'est là qu'on a trouvé un Priape qui servoit à boire, et qui est au Muséum.

Les maisons qui ont plus d'apparence extérieure, ont aussi une distribution uniforme : c'est un portique un peu moins grand, mais destiné au même usage que ceux dont parle Horace :

> . . . . decempedis
> Metata privatis opacam
> Porticus excipiebat, arcton.
>
> Ode xv, lib. ii.

Deux citernes sont aux extrémités du portique : l'eau y arrive par un bassin quarré qui est au milieu de la cour. Les chambres sont tout autour comme des cellules; une petite fenêtre au-dessus de la porte, quelquefois une autre au fond de la chambre, aucune à hauteur d'appui. Les cours sont pavées en mosaïque; dans l'angle d'une d'elles, on distingue une grande croix de Malte parfaitement figurée. Chaque chambre a ordinairement des peintures qui indiquent son usage. Des peignes, des nymphes qui tressent leurs cheveux désignent un cabinet de toilette : ailleurs ce sont des gladiateurs peints avec la vérité du bas-relief. En général, le fonds est d'un beau bleu et les ornemens sont en or. Plusieurs peintures paroissent rapportées et n'avoir pas été faites pour l'endroit. J'ai remarqué un Orphée, un homme qui lit des vers, un paysage dont la perspective est d'un effet très-vrai ; une Diane et un Endymion ; une belle tête d'Hercule : elle est peinte dans une boîte ouverte au milieu d'une colonne, genre d'ornemens qui se rencontre beaucoup. C'est dans les arabesques qu'ils ont le mieux réussi ; mais quand on voit la collection de peintures recueillies dans le Muséum de Portici, ces teintes décolorées, que le dessin fait à peine valoir, on finit par convenir qu'il y en a bien peu qui ne soient au-dessous des belles imitations que la gravure en a faites.

On a découvert aussi l'école de chirurgie ; ce qu'on a conjecturé d'après les instrumens qu'on a trouvés et recueillis au Muséum.

On vient aussi de retrouver une maison

de vestales ; à l'entrée on lit le mot : *Salve,* en mosaïque ; on voit de même une représentation du labyrinthe qui est quarré. Le temple de Vesta n'étoit pas encore découvert.

On reconnoît des *sacrarium* particuliers ; on voit les niches où l'on plaçoit les pénates. J'ai vu une salle à manger dont la table de pierre est au Muséum ; mais on a laissé les lits aussi de pierre sur lesquels les convives se couchoient.

La Maison de campagne donne des idées sur ce qu'étoient les habitations des Romains riches. Il y a une salle de bains froids, une de bains chauds, des étuves ; une chambre à coucher à alcove, trois fenêtres à hauteur d'appui donnant sur le jardin. Les fenêtres étoient en verre, de la grandeur et de l'épaisseur de ceux de Bohême : il n'y en a qu'un de conservé au Muséum. Des caves voûtées règnent tout autour du bâtiment. On y trouve des amphores que les cendres ont emplies et cimentées les unes avec les autres. Ce sont des vases à anses, d'une forme oblongue, se terminant par une pointe sur laquelle ils sont debout, mais un peu inclinés. La masse immense de cendres qui a

enseveli Pompéïa, n'a pas respecté le cachet
du consulat d'Opimius : au reste, c'est grace
à la fertilité de Monte Barbaro, ancienne-
ment Monte Gauro,

> Que la vertu du vieux Caton
> Chez les Romains tant prônée
> Etoit souvent, nous dit-on,
> De Falerne enluminée.

ROUSS.

Et moi aussi j'ai bu du vin de Falerne ; et
s'il n'a pas extrêmement dégénéré, ceux qui
ne connoissoient pas les vins d'Aï, de Po-
mars ou de Ségur, pouvoient le trouver bon.
Cependant les vins de France moins capi-
teux que les vins connus des anciens, conduisent plus généralement à la grossièreté
et à l'abrutissement, qu'à l'aimable gaîté des
convives du grand-prieur de Vendôme ou
des chansonniers *du caveau*. La nature plus
bienfaisante peut-être, défendoit l'excès aux
épicuriens de Rome ou de la Grèce : il n'y a
pas de Thrace qui eût bu plein son casque
de vin de Chio, de Clazomène ou de Samos.
Tous ces vins, excessivement sucrés, amè-
nent la satiété avant l'ivresse : la jolie

esclave qui versoit à boire à Horace, n'avoît pas besoin de lui dire :

Jouis, mais sans excès, pour jouir davantage ;
Le plaisir sans remords est le secret du sage :
Tout ce qui nuit est vice, et non pas volupté.

Rêve d'un musulman.

et c'est dans une coupe que venoit boire la colombe d'Anacréon : ingénieux emblème de la délicatesse de ses jouissances ! La colombe d'Anacréon n'auroit bu ni dans la tonne d'Heïdelberg, ni même dans le *wider-come* (1) du grand électeur.

Après les curiosités que je venois d'admirer, ce qui me frappoit le plus, c'étoit la science du cicerone qui me les montroit ; il connoît aussi bien qu'un homme qui a lu pendant vingt ans, les observations de Vitruve sur telle partie de l'architecture théâtrale, les particularités de la mort de Pline,

---

(1) Le grand électeur, père de Frédéric II, avoit un énorme verre de cristal qui passoit de bouche en bouche dans les grands repas de famille. Le dernier roi de Prusse qui, quoiqu'il aimât beaucoup à boire, n'aimoit apparemment ni les grands verres, ni les repas de famille, supprima cet usage germain, et donna le *wider-come* à un Français, entre les mains de qui je l'ai vu.

l'histoire entière de l'éruption de 79. Tout en réfléchissant sur cet homme si savant, qui n'avoit pas eu l'ennui de démêler ce qu'il faut retenir de ce qu'il faut oublier, je suis arrivé à la porte de la ville. Ce fut le terme de mes remarques et de son érudition : je le trouvai bientôt rentré dans la plus parfaite égalité avec le reste des Napolitains : nous eûmes une dispute au sujet de ce que je lui devois et de ce qu'il demandoit.

Quand on a vu Pompéïa, Herculanum et le Muséum de Portici, on ne peut pas s'empêcher d'accuser ceux qui ont présidé à ces fouilles et à ces collections précieuses. Rendre au monde une ville ensevelie depuis dix-sept siècles, étoit une idée plus simple et plus belle Si tous ces meubles, tous ces ustensiles qu'on voit froidement le long des parois blanches et neuves du Muséum, entassés comme dans un vaste magasin de clincailleries, eussent été mis en place dans les maisons de Pompéïa, dont il eût suffi de rétablir les toitures; que dans ce cabinet de toilette, cette salle à manger, ce sacrarium, il n'eût manqué, pour ainsi dire, que le maître; si tous ces instrumens pour les sacrifices eussent été conservés dans les temples, l'illusion seroit revenue toute entière, on eût tout vu avec bien plus de respect, plus de curiosité. Craignoit-on le voisinage du Vésuve? Portici en est tout aussi menacé : apparemment qu'une telle idée n'étoit digne que de Louis xiv : il l'eût conçue et exécutée.

LETTRE LX.

Marseille, novembre 1791.

Qu'ils furent courts, hélas ! ces momens que le souvenir des peuples anciens, la vue de ces monumens de leur grandeur, de leur génie, de leur industrie avoient occupés ! Qu'elle fut rapide cette course à travers les terres, les coutumes, les religions si différentes ! J'avois quitté l'atmosphère de cette trombe, qui, formée par les opinions, les passions, les haines, les craintes, s'élevoit sur la surface de la France........ Un seul souvenir m'y ramena. Louis XVI étoit arrivé, disoit-on, à Luxembourg. Je crus que cet événement devenoit un signal de guerre civile, et je partis sur-le-champ pour partager le sort de ma famille. Cette nouvelle me parvint avec deux circonstances bien ridicules : l'une fera juger de la justesse des idées du peuple de Naples, quant à ses relations extérieures. Tout le monde sait que le ch... A... gouverne l'état napolitain. Mon hôte de Santa-Lucia m'assuroit que le roi avoit été enlevé de Paris, et conduit, à main armée, à Luxembourg, par un régiment d'hussards commandés par le major A... frère de leur ministre, et effectivement au service de France. Il ne m'accordoit pas même qu'on eût enlevé Louis XVI comme ce parti hollandais avoit enlevé M. de Berenghen sur le chemin de Versailles; c'étoit de vive-force, après de grands combats, et je ne lui ai pas persuadé que ce n'auroit pas été assez, ni d'un régiment d'hussards, ni du major A....

L'autre circonstance étoit d'un genre plus relevé. Cette nouvelle de l'arrivée de Louis XVI à Luxembourg, fut annoncée à Gênes, et apportée sur-le-champ à Naples par une frégate anglaise, qui vint, je crois, en trente-six heures. On illumina la rue de Tolède; le capitaine fut accueilli à merveille, et le roi de Naples lui donna son portrait enrichi de diamans. Deux jours après la nouvelle fut démentie : le bâtiment anglais étoit en rade; le capitaine, dit-on, ne s'est pas remontré à la cour.

Je m'embarquai pour Marseille : Eole apparemment ne me jugea pas si pressé, car au lieu de tempêtes, de vent en poupe ou de belles manœuvres, je n'offrirois aux amateurs de descriptions, que le calme le plus plat, puisque nous mîmes dix-huit jours à arriver à la rade d'Hières, où d'ennui, d'impatience et de faim (1), je préférai me faire descendre. C'est-là que je remis le pied sur un nouveau cratère, dont les premières secousses annonçoient de si violentes explosions; et que n'ayant pour les peindre ni le pinceau de Vernet, ni le burin de Tacite, je remis, en soupirant, dans mon portefeuille cette esquisse et mes crayons.

---

(1) Les patrons provençaux sont plus que sobres: j'aurois voulu entendre Saint-Foix devant des oignons cuits à l'eau, des macaronis sur lesquels on rape du fromage de Hollande, du biscuit, et un tonneau de vin vide.

F I N.

TABLE DES LETTRES.

FIN DE LA TABLE.